小学校

プログラミングの授業づくり

［ Type_T・堀田龍也 ］

JN011326

学陽書房

これからプログラミング教育を
始める先生へ

　「プログラミング教育」と聞いて、みなさんは何を思い浮かべますか？　私は2017年にこの言葉を初めて聞いたとき、「何だこの取り組みは！　何をしたらいいのかさっぱりわからないぞ!!」と愚痴をこぼしたことを鮮明に思い出せます。

　しかし、プログラミング教育に取り組んでみたら、子どもたちが授業に夢中になって取り組む様子を目の当たりにしました。さらに、ものの仕組みを考え、再現・改善をするなど、深い学びの姿を見ることができ、プログラミングを通じた子どもたちの成長を日々実感しています。

　多くの実践者とつながり、実践例を共有する中で「一部の人だけではなく、みんなが取り組めるためにはどうすればいいのか」を考えるようになりました。その結果、辿り着いたのがこの本です。

　この本には、私たちが選びに選び抜いた、子どもたちをワクワクさせる実践ばかりを集めました。ここに挙げられている事例は、どれもが実際に実施され、子どもたちの瞳を輝かせた事例です。本書を読んですぐ実践できるよう、ワークシートや模擬授業動画も用意しています。

　さらに、日本のICT教育政策を牽引してきた、東北大学大学院教授・堀田龍也先生には「プログラミング教育導入の背景やそのねらい」など、これからプログラミング教育を始める人が知っておくべき基本をやさしく解説していただきました。

　この本がみなさんの第一歩をサポートできる一冊となり、一緒にプログラミング教育を盛り上げていけたら幸甚です。

Type_T 代表　鈴谷　大輔

CONTENTS

好奇心を育む「中学年」の授業例

問題解決思考を高める「高学年」の授業例

学びの環境をつくる「特別支援」での授業例

CHAPTER 1

▶ ▶ ▶

なぜ今プログラミング教育なのか
〜基礎編〜

◀ ◀ ◀

プログラミング教育はどのような背景から導入されたものなのでしょうか。初めての方でも知っておきたいプログラミング教育の考え方について、簡潔にお伝えします。

私たちの暮らす社会とプログラミング

身近にあるテクノロジー

　学校にはたくさんの手洗い場があるでしょう。コロナ禍でもあり、手洗いが励行されている今、子どもたちが1日に何度も利用する場所です。

　水を出すためにひねる蛇口が、感染の原因になっているという報道を受け、各自治体ではトイレや手洗い場の水道を、蛇口付近に手をかざすと水が出る非接触型の自動水栓に改修しています。子どもたちには手を近づければ自動的に水が出るため好評だと言います。

　今どき自動水栓の水道はさほど珍しくありませんが、ここで紹介した理由は、コロナ禍で非接触が望まれるという社会のニーズに対して、テクノロジーで解決することが、実に当たり前のことだと伝えるためです。少しだけ大げさに言えば、社会の問題を発見し、解決するためにテクノロジーを利用し、その結果、問題は改善されて便利になっていくということです。

　私たちの身の回りには、こうやってテクノロジーを使って問題を解決した結果、いつでも利用できるようになっているものがたくさんあります。例えば、人が来たら電気がつくライトや、適温になったらそれ以上は冷やしたり温めたりしないエアコンなどです。身近にあるテクノロジーは、他にも見つかるでしょうか。

自動ドアの仕組み

　自動ドアはいたるところにあります。みなさんも１日に何度か通過しているはずです。わざわざ思い返してみなければ気付かないほど、自動ドアは生活の中に溶け込んでいます。

　ところで、みなさん、自動ドアの仕組みはわかりますか？　自動ドアはどうなったときに開くのでしょうか。

　多くの人がこう言うはずです。「人が来たことをセンサーで検知している」と。そのとおり、正解です。ではそのセンサーは、どんなセンサーですか？　どこに設置されているのですか？　センサーがどんな値になったとき、どうやってドアが開くのですか？

　自動ドアのセンサーは、多くの場合、ドアのすぐ上に設置されています。人感センサーと呼ばれますが、赤外線や超音波を利用したものなどがあります。ドアに取り付けられたプレートに触るなどすると開くものもありますが、この場合はその部分のタッチセンサーや人感センサーが動いているということになります。いずれにしても、人が来たことを検知すると、プログラムがモーターに指示を送り、ドアを開けるのです。

　自動ドアを人が通過すると、そのうちに閉まるわけですが、そこにもプログラムが関係しています。ここでは詳述しないことにしますので、みなさん、子どもたちに聞かれたら何と答えるのか、ぜひ考えてみてください。

私たちはプログラムに無自覚すぎる

　自動水栓と自動ドアを例に考えてみました。私たちの身の回りには、センサーとプログラムで動いているものがたくさんあります。すなわち、私たちはプログラムに囲まれて便利に生活しているのです。

　しかし私たちは、身の回りにプログラムが存在することについて、あまりにも無自覚です。自覚できていなければ、改善もできないわけで、ここを何とかしようというのがプログラミング教育なのです。

これからの社会を生きる子どもたちとプログラミング

銀行のATM

　テクノロジーがすでに私たちの生活に深く入り込んでいる例は他にもあります。

　私たちは現金が必要な場合、よく銀行に行ってATM（現金自動預け払い機）で現金を引き出すでしょう。おそらくみなさんの中には、ATMを使ったことがないという人は皆無なはずです。

　しかしこのATM、かつては銀行の窓口で行われていた業務を機械化したものだということを知らない若い人がいます。無理もありません。物心ついたときから現金はATMで引き出すということが当たり前だったのですから。

　かつては、お金を引き出したい人が紙の通帳を持参して銀行の窓口に出向き、必要事項を書類に書き、あらかじめ届けておいた印鑑と同じ印鑑を持参して捺印し、銀行員が印影を視認照合することによって引き出しの許可をし、銀行の残高データベースを書き換え、専用のプリンタで通帳に印字し、現金と通帳を返すという手続きをしていたのです。今思えば、なんとも煩雑な手順です。

　人間が入出金していた業務を、磁気あるいはICカードと暗証番号による認証によって機械化したものがATMです。1970年頃から設置が始まり、その歴史はおよそ半世紀となります。今ではコンビニ等で休日も含めて24時間利用できるATM。たいへん便利になりました。

テクノロジーによって雇用が奪われる？

ATMの普及によって、銀行の窓口業務に携わっていた人たちの雇用機会は大幅に削減されました。いわば「機械に職を奪われた」ということになります。ATMの開発や設置に資金が必要であったものの、人件費の削減、出入金やデータベース更新の正確さやリアルタイム性、早朝や夜、休日など業務可能な時間帯の増加などのメリットにより、社会を便利にするインフラとしてATMが選択されたのです。

ATMの例でもわかるように、テクノロジーによって代替されることが合理的であれば、職業の新陳代謝は必然的に起こります。

テクノロジーに置き換わることは何か

ある職業人の業務のすべてがテクノロジーによって代替されるのではありません。あくまで、その人の業務のうち、定型度の高い業務がテクノロジーに代替されるのであり、非定型あるいは創造性の高い業務、コミュニケーションが必要な業務は代替されにくく、これこそがまさに人間の仕事ということになります。ATMによって代替されたのは、銀行員の窓口業務のうち、書類のチェック、伝票を正確に処理して入出金の手続きを進めるという定型度の高い業務でした。対して、顧客の個別の資産運用の相談に丁寧に応じたりすることは代替されにくく、今でも多くの銀行で人が行っている仕事です。

テクノロジーを積極的に活用することによって、私たちは人間がすべきことにこそ専心できるようになります。人間がすべきこととは、誰かに喜んでもらえると同時に自己実現ができる、働きがいにつながるような仕事です。

テクノロジーを怖がるのではなく、むしろテクノロジーに何を任せられるかを判断できる力が必要になります。そのためには、テクノロジーの利用経験、仕組みや特性の理解が不可欠です。

プログラミングを体験し、世の中のテクノロジーの仕組みを知り、問題解決に利用する体験をさせたい。これが小学校でプログラミング教育が導入された理由です。

小学校プログラミング教育で おさえておくべきこと

プログラミングを体験させること自体が重要

　小学校学習指導要領の総則には、「児童がプログラミングを体験しながら、コンピュータに意図した処理を行わせるために必要な論理的思考力を身に付けるための学習活動」を計画的に実施することという記述があります。平成29年告示の学習指導要領からこの文言が入り、小学校でプログラミング教育が必修化されました。

　学習指導要領の文言ですから、もちろん極めて重要です。特に大切なことは、プログラミングを体験させることが明記されていることです。小学校での多くの授業では、体験的な学習活動を重視します。プログラミング教育においても同じように、子どもたちがプログラミングを体験することが重視されているわけです。

　次に注目すべきことは、「コンピュータに意図した処理を行わせるために必要な論理的思考力」という言葉です。単なる論理的思考力ではなく、「コンピュータに意図した処理を行わせるために必要な」論理的思考力なのです。これを子どもたちに身に付けさせるためには、コンピュータを用いたプログラミングの体験は不可欠ということです。

　小学校にまでプログラミング教育が導入されたことは、これまでに述べた、テクノロジーと共存する社会と深く関係しているのです。

各教科等でのプログラミング教育

　総則の他にも、学習指導要領には以下のような記述があります。

　算数では第5学年の正多角形の学習において「辺の長さが全て等しく角の大きさが全て等しい」という正多角形の意味を用いて作図できることをプログラミングを通して確認し、人には難しい作図がコンピュータであれば容易にできることを押さえます。理科では第6学年の電気の性質や働きの学習において、プログラミングによる制御によって電気を効率よく利用できることをおさえます。総合的な学習の時間では、私たちの生活や社会への情報技術の役割や影響について調べたり、情報技術が私たちの生活を便利にしていることをプログラミングを通して確認したりするなどの学習活動が想定されています。

　学習指導要領の総則は、各教科等に限らず、学校全体の教育活動の意図的な計画の方法に対する考え方が記されている文書です。ですから、プログラミング教育について総則に書かれているということは、各学校で教育課程を編成する際に、例示されている教科以外にも必要な学習場面を用意して、プログラミングの体験や、プログラミング教育で要求される論理的思考力を養うことを意識することが必要ということになります。

中学校以降でのプログラミング教育

　なお、中学校では技術・家庭技術分野において、かなり本格的なプログラミングが学習内容となっています。また、高等学校では「情報Ⅰ」という科目が必履修となっていますが、この科目では数十時間をかけてプログラミングの学習をします。

　さらに現在、大学入学共通テストの新規科目として、この「情報Ⅰ」を加えることが前向きに検討されています。大学でも人工知能（AI）やデータサイエンスはすでに文系でも必修となりつつあります。

　小学校プログラミング教育は、先々に続く体験的な学習なのです。子どもたちの将来を考えて進めていく必要があります。

小学校プログラミング教育の実践ポイント

■ 何よりまず体験させる

とはいえ、初めてプログラミング教育に取り組む先生たちには、不安なことがたくさんあると思います。ここでは、ハードルの低い実践の入り口について紹介します。

まず、総則に書かれているように、子どもたちがプログラミングを体験することが重要です。ですからまずは、先生がプログラミングを体験することを急ぎましょう。大学等でやったことがある先生よりも、まださっぱりという先生こそ、いち早く体験してください。

体験したらわかりますが、プログラミングは面白く、達成感があり、しかしなかなか奥が深いことを感じるはずです。それを子どもたちにも感じさせるのです。

■ いろいろなプログラミングを体験させる

プログラミングには様々な種類のものがあります。例えば、画面上でキャラクターを意図どおりに動かすプログラミングや、画面でシミュレーションしたとおりにロボットを動かすプログラミングがあります。いずれも論理的に考える経験をさせることができますが、後者のほうが社会とのつながりをイメージさせやすいという特長があります。

ですから、1つのプログラミング体験に留まらず、別のプログラミング体験もさせてください。そして、1つめと2つめの共通点や違い、どちらがどのように面白かったかを振り返らせると良いでしょう。

いろいろな人のプログラミング体験を交流させる

　プログラミングに関わる人は、世の中にたくさん存在します。子どもたちが様々な人のプログラミングの様子から学ぶ機会を作りましょう。子どもたちに身近なのは、自分より年上の学年の先輩がプログラミングの授業でどんなことをしているかということでしょう。あるいは、大学生のボランティアや、学校でプログラミング教室をやってくれるNPOの方々が、どんなプログラミングをしているのかを知ることでも良いでしょう。

　このような交流により、子どもたちは、プログラムがいかに多様な問題解決に用いられているかを知ることができます。また、交流では仮にプログラミングそのものの体験が十分ではなかったとしても、世の中のいろいろなところにプログラムが存在し、それを人が何らかの目的で作成していることを知ることができます。

身の回りのプログラムを探させる

　このようにしてプログラミングの体験を重ねた子どもたちは、自分たちの暮らしの中に、たくさんのプログラムがあることに気付くようになります。

　例えばわかりやすい例は、先に紹介した自動水栓や自動ドアです。他にも自動的に点灯する照明もあります。部屋にあるエアコンも、お掃除ロボットも、炊飯器も、子どもたちが親しんでいるゲーム機も同じです。少しわかりにくいですが、毎日通る道路にある信号機も、渋滞状況によって赤になる時間が変化しています。もちろん渋滞を少しでも減少させるためです。

　身の回りにプログラムが存在することを自覚する。そして「もっとこうなっていればいいのに」と改善を考える。そうやってさらにテクノロジーを便利にしていくこと。プログラミング教育の本質的な目的は、このような社会の見方・考え方を育てることなのです。

（CHAPTER 1 解説　堀田　龍也）

校内担当になったら

前提として注意すべきこと

　校内のプログラミング担当者になると、教職員の研修や指導にあたることがあります。その際特に重要になるポイントは以下のとおりです。

- 原則、チームで対応すること（担当者、該当学年だけでなく）
- 年間計画に位置付けて修正・改善を図ること
- 研修機会、教材選びや整備をする時間を確保しておくこと
- 苦手でもチャレンジしてみたいと思わせる環境づくり
  （ICTが得意でない方こそ、一生懸命取り組んでいる姿を見せる）

研修の事前準備

　まずは校内の先生方のニーズを把握してから研修を行うことが実践開始の近道です。研修内容に関しては、授業参観練習または実技研修とセットで行うことが望ましいです。事前に他の先生と操作方法を確認しておき、当日参加する先生のサポートをしていただくのも良いです。

　時間に限りがある場合もあります。以下の資料は時間配分（動画を流す時間、教材体験、ディスカッション等）の参考になります。

- 小学校プログラミング教育に関する研修教材（文部科学省）
- 小学校プログラミング教育の研修ガイドブック（小林祐紀・兼宗進・中川一史編著・監修、翔泳社）

研修の後にやるべきこと

　研修をきっかけに、実際の指導にどう生かすかを参加者同士で出し合い、授業に生かせるようにすると良いです。先生方に、実際やってみて「気になること」や「これから心配なこと」などを聞きながら、その後の研修内容や年間計画の改善に役立ててみてはいかがでしょうか。

　　　　　　　　　　　　　　　　　　　　　　　　　　（鈴木　康晴）

CHAPTER 2

▶ ▶ ▶

どうすればできる？
プログラミング教育
～準備編～

◀ ◀ ◀

実際にプログラミング教育を取り入れるにあたって、どのような準備をしていったらよいでしょうか。教材の特質や授業準備、環境整備について考えてみましょう。

本書の使い方について

教材解説を
チェック！

本書の使い方

CHAPTER 1 では、プログラミング教育の重要性や経緯について述べてきました。ここではCHAPTER 2 〜巻末資料の簡単な紹介をしていきます。

●CHAPTER 2 について

主なプログラミング教材や、実際にプログラミング教育を行うにあたっての校内環境や授業の準備等について紹介しています。

どのようなプログラミング教材があるのか、また、実際に授業を計画していく上で何を確認するべきか等をおさえることができます。

●CHAPTER 3 について

CHAPTER 3 では、A分類・低学年・中学年・高学年・特別支援のカテゴリーに分け、授業例を掲載しています。最初に学年、教科、単元名を示していますが、他学年で活用できる実践もあります。子どもたちの様子に合わせて取り入れてください。

また、各ページの二次元コードを読み取ると、その授業のイメージをつかむための模擬授業動画やワークシート等を入手できます。より授業を充実させるためにも、本書で紹介する実践のポイントや授業の流れとともに、併せてご参照ください。

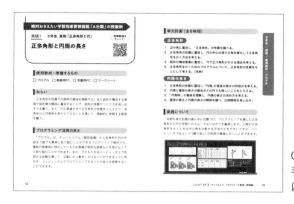

CHAPTER 3 では授業の手順やポイントを具体的に紹介

■プログラミングを導入するタイミング

分　類	内　容
A分類	学習指導要領で例示されている単元等で実施するもの。
B分類	学習指導要領で例示されていないが、各教科等の学習指導要領の内容を指導する中で実施するもの。
C分類	教育課程外で、各学校の裁量により実施するもの。
D分類	クラブ活動など、特定の児童対象で実施するもの。
E分類	その他、学校内で実施するもの。
F分類	その他、学校外で実施するもの。

※参考：文部科学省「小学校プログラミング教育の手引き」

●巻末資料について

　巻末資料には、学年別配当表や用語解説を掲載しています。プログラミング教育の系統性を確認することで、前学年までに身に付いているスキルや、次学年での指導事項を見据えた教育が可能になります。

初心者でも準備は簡単

　実際にプログラミングを授業に取り入れるとなると、具体的に何を準備すればよいのか悩むと思います。CHAPTER 3 の授業の実践例では、使用する教材や準備するものについても紹介しています。また、授業準備については20、21ページ、校内の環境整備については40、41ページをご参照ください。

（田中　萌）

授業準備のための３ステップ

プログラミングを指導計画に取り入れるポイント

　ここでは具体的に、実際にプログラミングを各教科に取り入れる際に、どのようなことを検討・確認する必要があるのかについて、３つのステップに分けながら説明します。

ステップ１　各教科の単元の目標やプログラミング教育のねらいを確認する

　単元の目標を達成するための授業ですので、まずはプログラミングを行おうと考えている単元の目標を小学校学習指導要領等で確認します。

　次に、プログラミング教育のねらいとの関連について確認します。

【プログラミング教育のねらい】

① 「プログラミング的思考」を育成すること。

② プログラムや情報技術の社会における役割について気付き、それらを上手に活用してよりよい社会を築いていこうとする態度を育むこと。

③ 各教科等の中で実施する場合については、「教科等での学びをより確実なものにする」こと。

※出典：文部科学省「小学校学習指導要領【総則編】」

　例えば、小６理科A分類「電気の利用」では、電気を効率よく使うための工夫を考えることが単元目標です。コンピュータを活用して、

センサーや電気機器のプログラミングを行うことで、試行錯誤しながら電気を効率よく使うための工夫を考えることができ、プログラミング的思考が育まれることをねらいとしています。

ステップ2　**使用するプログラミング教材を選択する**

どのプログラミング教材を使用して授業を行うかが、とても重要です。ぜひ、CHAPTER2の「教材の選び方」「教材説明」や、CHAPTER3の「プログラミング教育〜実践編〜」を参考にしてください。

そして可能な限り、先生自身が子ども側となり、実際にそのプログラミング教材を体験してみてください。

ステップ3　**単元の指導計画を考える**

まず、単元構成を考えた後に、プログラミング教育が子どもの意識や活動の自然な流れに沿って展開できるかについて考えます。

次に、単元の授業時数（年間指導計画に基づきながら、大幅に時数オーバーしていないか等）、校内のネットワーク環境（スムーズに動作するか、フィルターに引っかからないか等）、学習形態（個人・ペア・グループのどれで行うのか等）、指導体制（教師1人なのか、チームティーチングやICT支援員と行うのか等）、各教科等との関連等の多様な視点から、指導計画が実際に実現可能かどうかについて確認します。

注意すること

ステップ1でも述べましたが、あくまでもプログラミングは「目的」ではなく、その教科の単元の目標を達成するための「手段」です。

「プログラミング"を"学ぶ」のではなく、「プログラミング"で"学ぶ」ということを意識して行います。

（田中　萌）

教材の選び方

教材の種類について

プログラミング学習の教材は主に、以下の３つに分けられます。
授業内容や子どもたちのレベルに合わせて選びましょう。

1　アンプラグド

コンピュータを使わない方法です。

（例）ルビィのぼうけん、はじめてのプログラミングカーなど

2　ソフトウェア系

コンピュータにプログラミングをし、コンピュータ内のキャラクター等を操作します。

（製作向き）汎用性◎　Viscuit、Scratchなど

（習得向き）導入◎　プログル、Hour of code、Blockly Gamesなど

3　ハードウェア系

コンピュータにプログラミングをし、コンピュータ外のロボット等を操作します。

（例）micro:bit、MESHなど

教材を選ぶ前に気をつけること

事前に教材体験してから選ぶのがおすすめです。ソフトウェアは無料のものが多い一方で、ハードウェアは予算が必要な場合もあります。実践事例や年間指導計画などを参考に、計画的にそろえましょう。

（鈴木　康晴）

アンプラグド
プログラミング教育

「コンピュータとは何か」を学ぶのにピッタリ

　パソコンやタブレット端末等の電子機器を使わずにプログラミング的思考を学ぶ学習法です。ワークシートやカード等を用いて、コンピュータが動く仕組みやプログラミング的な問題解決の手順を考えます。キーボード入力やマウス操作のスキルも必要ないため、未就学児〜低学年からプログラミング教育の導入として活用できます。

▶小学校での活用例
・学校に来てからやることを考えよう（P.62）
・つくったおもちゃのせつめいをしよう（P.70）
▶注意すること
　アンプラグドプログラミング教育は、コンピュータを使わずにできる反面、プログラムの働きや良さに気付くという部分では課題が残ります。人間の意図が無意識に反映されてしまうことがあるからです。
　アンプラグドばかり行うのではなく、学習指導要領にも記載されているようにコンピュータを用いたプログラミング教育が前提ということを理解しておく必要があります。

参考

○ICT CONNECT 21のHP（https://ictconnect21.jp）

（田中　萌）

教材解説を
チェック！

ソフトウェア系教材
Viscuit（ビスケット）

初めてのプログラミングに最適

　Viscuitは、合同会社デジタルポケットの原田康徳ハカセによって
つくられたビジュアルプログラミング言語です（https://www.
viscuit.com）。ビジュアルプログラミング言語とは、プログラムをテ
キスト（文字）で記述するのではなく、視覚的なオブジェクト（絵や
ブロックなど）でプログラミングする言語です。

　自分の描いた絵と「メガネ」と呼ばれるツールで絵を動かしたり変
えたりするプログラムをつくります。キーボードは使用せず、マウス
か指先（タッチペン）で操作します。プログラミングそのものには文
字を使用しないので、未就学児（クレヨンでお絵描きができる発達段
階）から大人まで簡単にプログラミングに取り組むことができます。

Viscuitの画面・ボタン・アイコン説明

　Viscuitは画面の中に文字が一切ありません。直感的に機能がわか
るアイコンになっていますが、子どもたちにどのようなボタンなのか
考えさせるのも良いでしょう。

ステージ　メガネ置き場　Viscuit

- えんぴつボタン（絵を描く）
- メガネ
- 音符マーク（音を鳴らす）
- ゆびボタン（「さわると」の命令）
- 部品置き場
- バツボタン（本棚にもどる）
- 左矢印ボタン（前のページにもどる）
- 右矢印ボタン（次のページに進む）
- 設定ボタン（設定画面へ）
- 遊ぶボタン（遊ぶ画面・全画面表示）
- 回転ボタン（回転モードのON・OFF）

メガネのひみつ（基本的なプログラムのつくり方）

①メガネは命令をつくるツール

　メガネの左側の絵を右側の絵に変えるという命令をViscuitにします。レンズの間の矢印はこの「○○を○○にする」という命令を表しています。

　例えば、赤い三角を斜め上に動かすときは、メガネの左側に絵を入れてから、メガネの右側の斜め上に絵をずらして置きます。元の絵（メガネの左側）がメガネの右側に薄く映ります。また、元の位置からずらせばずらすほど動くスピードが速くなります。

②メガネはランダムに実行される

　1つの絵に対して、複数のメガネで命令をつくると、メガネの置く順序に関係なくランダムに命令が実行されます。例えば、絵が「右に動くメガネ」と「左に動くメガネ」の2つを組み合わせることで、右に行ったり左に行ったりします。3つ以上のメガネを組み合わせることもでき、より複雑な動きをつくることができます。

カニが右に動く

カニが左に動く

③メガネはずっと繰り返す

　絵を動かすことの他にも、絵を別の絵に変えることができます。「口を閉じるメガネ」と「口を開けるメガネ」の２つのメガネで「口を開いたり閉じたり」を繰り返します。

　　　　口を閉じる　　　　　　　　　　口を開ける

④メガネは条件をつくる

　「風船と鳥がぶつかったら風船が割れる」のように、「～したら、～する」という条件をつくることができます。

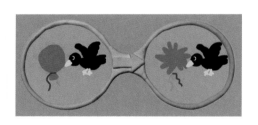

⑤指ボタンでコントロール

　指ボタンを使い「さわったら」の命令をつくることでプログラム実行のタイミングをコントロールできます。

　　丸をさわったら三角になる　　　　何もない画面をさわったら丸が出る

※指ボタンを使って実行のタイミングを操作するときは、「遊ぶボタ

ン」を押して絵を操作する画面に切り替える必要があります。

Viscuitは教えない!!

　授業を行う際に一番大事にしたいことは、教師が「教えない」ことです。例えば、メガネのひみつ①で、絵が動く仕組みを教えてしまうと、「あっ動いた!」という子どもの発見・感動を奪ってしまうことになります。教師に言われたことをトレースするのでは感動できません。必要最低限のヒントを与えるにとどめ、発見は子どもたちに委ねてください。子どもたちは、その過程で主体的に学び合い、試行錯誤を重ねていきます。ときには想像を超えた素敵なアイデアが飛び出し、驚かされることでしょう。本項で紹介し切れなかった機能は、子どもたちと一緒に発見してみることによりViscuitを自由に使えるようになるでしょう。

Viscuitの可能性は無限大!!

　メガネ1個でつくる動きは単純ですが、メガネを組み合わせていけば複雑な動きをつくることができます。身の回りにあるコンピュータも同じように単純なプログラムをたくさん組み合わせることで動いています。好きなゲームも同じようにつくられていることを知り、「自分にもつくれるかもしれない! つくりたい!」と目を輝かせながら語る子どもの姿を、筆者はたくさん目にしています。

　シンプルだからこそ子どもの可能性を最大限に引き出せる。これがViscuitの最大の特長です。

Viscuit実践事例について

　Viscuitは、多くの学校で活用されています。「ビスケット活用例交換サイト」(https://scrapbox.io/viscuiteducation/) ではそのほとんどが網羅されています。ぜひ各教科での活用の参考にしてください。

(野村　徹也)

教材解説を
チェック！

ソフトウェア系教材
Scratch（スクラッチ）

世界中で使われる、実践も豊富なScratch

　Scratchは、マサチューセッツ工科大学のメディアラボが無償で公開しているビジュアルプログラミング言語です（http://scratch.mit.edu/（バージョン3.0））。NHKの教育番組「Why!?プログラミング」で使用する教材としても有名です。

　Scratchでは、画面上のブロックを組み合わせてプログラムを作ります。作ったプログラムによって画面上のキャラクター（ネコなど）を動かすだけでなく、工夫次第で多彩な作品をつくることもできます。

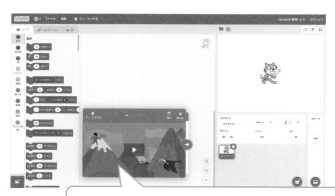

チュートリアルによる基本操作の説明あり

　Scratchには、シェアやリミックス、コメント機能があります。創造性を育てるため、「情熱に基づくプロジェクトに、仲間と共に、遊び心に満たされながら取り組むことを支援する」という考えが反映さ

れています（詳しくはScratch開発者ミッチェル・レズニックの著書
『ライフロング・キンダーガーテン創造的思考力を育む４つの原則』
日経BP参照）。

※Scratchは、MITメディア・ラボのライフロング・キンダーガーテン・グルー
　プの協力により、Scratch財団が進めているプロジェクトです。https://
　scratch.mit.edu から自由に入手できます。

▎事前に確認すること

　Scratch3.0はIE（インターネットエクスプローラー）では動きま
せん。ブラウザが「Microsoft Edge」「Google Chrome」「Safari」
であれば使用できます。
　上記のブラウザが使用できない場合、「Scratch3.0オフラインエ
ディター」であればインターネットにつなげずに使うことができます。

※Scratch3.0オフラインエディターのダウンロードについては、各
　学校・地域によって異なるため、事前に確認の上、行ってください。

▎Scratch3.0では何ができる？

　Scratchには様々な機能があり、特に新しいバージョンである3.0
（2021年４月現在）では、学習に役立つ多くの機能が追加されました。
主な機能は以下のとおりです。
・タブレット、スマートフォンにも対応できます。
・画面、スプライト（画面上で動かすもの）や背景の変更ができます。
・「ペン」「音楽」も選択可能です。
・「音声合成」では入力テキストを読み上げさせることができます。

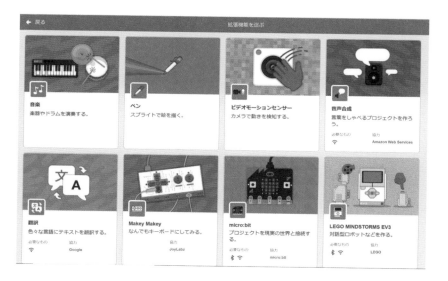

・「翻訳」ではいろいろな言語に変換することができます。
・「micro:bit」などハードウェア系教材との接続ができます。
・その他にも「ビデオモーションセンサー」など様々な機能があります。

コーディングカード

生徒向けリソース

さまざまなプロジェクトのステップ・バイ・ステップの手順については、コーディングカードをダウンロードし、印刷してください。

　プログラム例が書かれたコーディングカードを印刷して教室等に置いておくと、児童・生徒が作品づくりの参考にすることができます。パソコンクラブなど通年で活動している場合は、特におすすめです。コーディングカードは、ScratchのHPから入手することができます。

Scratch教師用アカウント

　Scratch教師用アカウントを取得することにより、Scratch上で自分のクラスを作成し、生徒用のアカウントを発行し、生徒のプロジェクトとコメントの管理を簡単に行うことができます。

作品の保存の仕方

　Scratchでは、使ったプログラムを保存することができるため、授業をまたいだ活動が可能です。保存の仕方は次のとおりです。

【ゲストとして使用している場合】

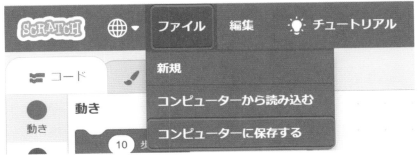

【アカウントを取得し、サインインしている場合】

【学校の共有フォルダに保存したい場合】

ファイル⇒名前を付けて保存⇒保存先を指定⇒名前をつけて保存

※児童名・作品名などを入れておくとよいです。

参考

○文部科学省のHP「小学校プログラミング教育に関する研修教材」
○文部科学省 未来の学びのコンソーシアムのHP「Scratchのはじめ方」

（鈴木　康晴）

教材解説を
チェック！

ハードウェア系教材
micro:bit（マイクロビット）

実物を制御する体験に最適なmicro:bit

micro:bitはイギリスのBBCが主体となって作成した、小型のコンピュータです（https://archive.microbit.org/ja/）。日本国内でもmicro:bitを用いた事例が多数見られるようになりました。2020年の10月にはバージョン２が発表されています。

micro:bitの特徴

micro:bitの特徴として、2000円程度の安価であることが挙げられます。ローマ字を教わり、キーボード入力での活用が始まる３年生から継続的に使うのであれば、１人１台ずつ教材として購入しても負担が少ない金額です。

また、手のひらサイズの小型サイズであることや、衝撃などにもある程度強く、壊れづらいことも特徴です。

Webブラウザ（Windows、Mac、Chrome OS対応）さえあればプログラミング環境が整うことや、iPad向けにもアプリとして提供されていること、Scratchのようなブロックの組み合わせによるプログラミングだけでなく、JavaScript（ジャバスクリプト）やPython（パイソン）といったテキスト言語でもプログラミングが可能なことも特徴です。

テキストでのプログラミングは、小学校段階ではさほど重要ではありませんが、高校の学習内容まで対応が可能な幅広さを備えています。

micro:bitでできること

micro:bitはその基板に様々なセンサーを搭載しています。下に主にセンサーに着目して、2つのバージョンごとの特徴を記載しました。

数多くのセンサーを搭載していることからもわかるとおり、micro:bitでは、これらのセンサーを条件にしながら、様々な動きをするプログラムをつくることができます。

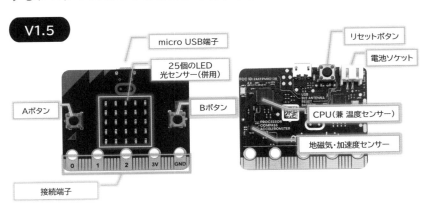

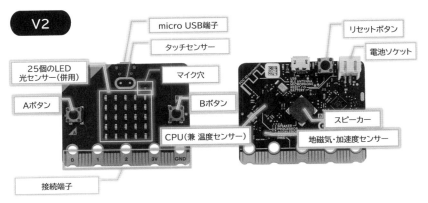

micro:bitで動くプログラムを作成する

　micro:bitでは動作するプログラムをブラウザ上で作成します。micro:bitで最も多く使われるのはMakeCode（メイクコード：マイクロソフト社が開発したビジュアルプログラミング言語）です。

　MakeCodeですでに用意されたブロックを組み合わせてmicro:bitを動かすプログラムを作成します。子どもたちも難なく始めることができます。

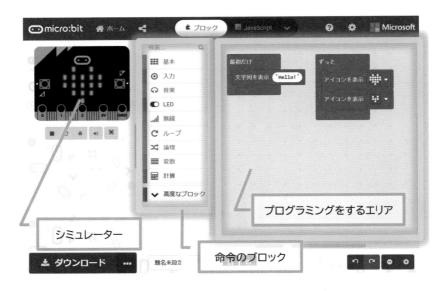

プログラムを転送する

　ブラウザでプログラムを作成した後、micro:bit本体に転送するときには、WebUSBと呼ばれる仕組みを使うのが主流になっています。それにより、ブラウザの操作で直接プログラムを転送することができます。この仕組みを使うためには、ブラウザとしてGoogle ChromeやEdgeといったWebUSBに対応したブラウザが必要です（IEは不可）。

　また、Windows端末でUSBメモリの使用に制限がある場合、micro:bitも制限の対象となり、使えない場合があります。授業で行う前に試したほうがよいでしょう。

プログラム転送のステップは以下のとおりです（2021年2月現在）。

micro:bitをWebUSBで使えるように設定

　ダウンロード右の「…」をクリックした後、ガイダンスに従います。

プログラムを転送

　上記操作後は、ダウンロードボタンを押すだけで本体へと転送されます。詳しいことは、二次元コードから動画をご覧ください。

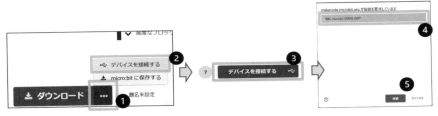

micro:bitをWebUSBで使えるようにする設定

拡張ボードや外部機器でたくさんのことができる

　micro:bitは人感センサーや距離センサーをつないで利用できます。また、LEDやNeo Pixel（ネオピクセル）といった機器をつなぐことで、光などの動作を制御することも可能です。販売されている機器の中には、つくったプログラムにより、スイッチのON、OFFや、流れる電流の大きさを制御できるものがあります。電流の大きさによって、モーターの動きが変化することなどを通して、理科の学習内容をさらに深めることにも役立ちます。

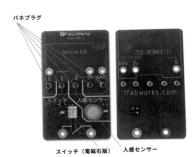

TFabWorksから販売されている理科ボード（左）とフルカラーLEDボード（右）

（鈴谷　大輔）

ハードウェア系教材
その他の電気利用教材

教材を使う前にここはチェック

　教材を使う前には確認すべきことがあります。例えば、電気の利用を学習するための教材は、プログラムを書き込むマイコンボードを搭載したものを用意する必要があります。お使いの端末のOSや環境、ネットワーク構成、ポリシー等によっては使用ができないものもあります。購入前に学校や教育委員会のICT機器整備や運用を担当している部署に問い合わせをすると良いでしょう。

　また、電波を出す教材を使う場合は、日本国内で使用して良いものかを確認する必要があります。教材の発売元に確認したり、特定無線設備の技術基準適合証明等のマーク（技適マーク🄬）を確認したりしましょう。マークがない教材を使用すると電波法違反になる場合があります。詳しくは総務省の電波利用ホームページを確認ください。

　ハードウェア系の教材は、教材による使用できるソフトウェアやプログラミング言語が異なります。教材を用いるときは、何を用いてプログラムを作成するのか、プログラミング環境を確認しましょう。

コンピュータと機器との接続方法

　各種マイコンボードをコンピュータに接続するためには、主に有線で接続するか無線で接続するかの2つがあります。それぞれの利点と欠点を理解し、学習に支障がないようにしましょう。

■マイコンボードとコンピュータの接続方法

	方式	利点	欠点
無線	Bluetooth	・現在販売されているほとんどのタブレット型コンピュータで利用できる。	・台数が増えるとつながりにくくなることがある。 ・一部のデスクトップパソコンには搭載されていないため、使用できない。
	Wi-Fi	・現在販売されているほとんどのタブレット型コンピュータで利用できる。	・Wi-Fiの設定やポリシーによっては使えないため、認証方式や事前共有鍵が必要になる。
有線	USB	・物理的に接続できるため、安定して教材と端末が通信できる。	・コネクタの種類が複数あるため、端末を確認する必要がある。 ・教材の故障時に端末に悪影響が及ぶことがある。
	ステレオケーブル	・音声でやり取りするため、USB接続制限等の影響を受けない。	・雑音に弱い。 ・音量調整が難しい。 ・端末のイヤフォンが4極プラグの場合は3極プラグへ変換する必要がある。

センサー・コンピュータ・アクチュエータ

　小学校に続き、中学校技術・家庭科の技術分野では、センサー・コンピュータ・アクチュエータを扱います。

　センサーはコンピュータに入力する部品であり、光、温度、水分、人感、湿度、加速度、押しボタン等があります。アクチュエータはエネルギーを動き等に変える装置で、モーターやLED、電球等があります。

　センサーやアクチュエータはアナログ信号を扱う一方、コンピュータはデジタル信号で動作をしてます。そのため、ここで紹介している教材のように、アナログ信号をデジタル信号に変えたり、デジタル信号をアナログ信号に変えたりするインターフェイスが搭載されている教材を選ぶとよいでしょう。また、センサーやアクチュエータの動作電圧は、3.3V、5V、9V、12V等があり、各教材がこれらに合ったボルトで入出力しているかを確認しておく必要があります。

mBot（エムボット）

Makeblock社が発売・販売しているロボット型の教材です。プログラムによって動かすだけでなく、スマホアプリを使用して自由にコントロールすることもできます。

●**対応プログラミング環境**
　mBlock（エムブロック）、Arduino（アルドゥイーノ）、Makeblockアプリ（メイクブロックアプリ）
●**センサー**
　光、超音波、赤外線、ライントレース
　※拡張パック等の購入で、利用できるセンサーやアクチュエータの
　　追加可能

ArTec Robo2.0（アーテックロボ）

株式会社アーテックが発売・販売しているブロック型の教材です。好きなアーテックブロックによって組み立てた作品にロボットパーツを加え、転送したプログラムによって動作させることができます。

●**対応プログラミング環境**
　Studuino:bit software（スタディーノビットソフトウェア）
　（Scratch3.0ベース）
●**センサー**
　温度、光、加速度、ジャイロ、コンパス、押しボタン
　※ロボット拡張ユニットにてセンサーやアクチュエータの追加可能

MESH（メッシュ）

　ソニーの新規事業創出プログラムから生まれたプロダクトです。インターネットとの接続など様々なアイデアを形にできるIoTブロックです。（参考・画像：MESH公式サイトhttps://meshprj.com/jp/）

●**対応プログラミング環境**
　MESHアプリ
●**センサー**
　押しボタン、光、人感、温度、湿度
　※デジタル・アナログ信号による入出力を扱えるGPIOブロックを
　　使用することで、センサーやアクチュエータの利用可能

Allmay2（オールメイ）

　優良教材株式会社が販売しています。フローチャート型のプログラムです。プログラミングを行い、転送することで、様々なセンサーやアクチュエータを使用することができます。

●**対応プログラミング環境**
　Allmay2プログラムメーカー
●**センサー**
　LED以外のセンサーやアクチュエータは、市販のものを取りつけて使用可能

（宮内　智）

環境整備について

環境整備は授業準備の一環

　ICT環境を整える際は、子どもたちが安全に利用できることを最優先に考慮して選定・導入します。

　もし、あなたが子どもたちのために常にアンテナを張っていて、より先進的でより良い教材を見つけて実践しようとしたとき、その学校で整備されているICT環境で活用できるでしょうか？

　必要なアプリケーションをインストールするために、教育委員会への申請が必要かもしれません。アカウントや機材も必要になるかもしれません。しかし、そのひと手間も「授業準備」の１つだと考えると、環境整備も実践に向けた大切な準備に含まれるのではないでしょうか。

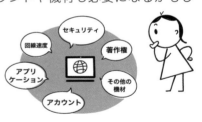

環境整備のためのチェックリスト

☐ 指導者の手元や操作画面を投影する手段はあるか

☐ 児童が使用する端末・ネットワーク環境での動作は快適か
　（アプリケーション／ファームウェア・アカウント・同時利用可能端末数など）

☐ その他の必要な機材は過不足なくそろっているか（接続ケーブル、電池など）

安心して利用するために

「安心・安全」の判断基準は、数年であっという間に変わっていきます。「前に使えていたから大丈夫」ではなく、目の前の子どもたちにとって安心して利用できるものか、意識しておくと良いでしょう。

アプリやソフトの改訂は要チェック

アプリケーションやソフトウェアの改訂があると、プログラミング教材が使えなくなることがあります。教材に影響する改訂があるか、確認しましょう。

●Flash Playerサポート終了の影響

アドビ株式会社が提供していたFlash Playerが、2020年12月31日でサポート終了となったため、多くのアプリケーションやソフトウェアが改訂されました。ここでは、最近最も注目すべき新しいViscuitの例を紹介します。

●無料版と有料版の二本立てに

新しいViscuitでは、基本的な操作の方法は変わっていませんが、GIGAスクール時代に対応した様々な機能が追加され、自分の作品を見つけやすくなりました。学校向けの特別なコンテンツは、一部有料化することで、より学校の現場で使いやすい環境も用意されています。

「本棚」個人・クラスごとの作品管理が可能になる

今まで無料で利用できていた環境については、学校登録をすることで、引き続き活用できます。

※詳細はViscuitHPの特設ページを参照してください

（野村 徹也・利根川 安積）

ICT支援員から見た プログラミング基本のスキル

コンピュータの正しい操作・扱い方

　プログラミングを活用したすばらしい授業計画も、コンピュータを自由に操作できることが大前提です。そのためには正しい使い方や大切に扱うことの意味を伝えておくことから始めていきましょう。タブレット端末が導入され、指などで画面操作ができるようになり、とても使いやすくなりました。特にViscuitはタップ・ドラッグ・長押し操作が練習できるので、ノートパソコンなどのタッチパッドを使いがちな高学年にも、画面タッチの便利さを知ってもらうことができます。

キーボード入力はコンピュータの基本

　高学年にもキーボードのローマ字入力に苦戦する子どもは多くいます。ローマ字を覚えていないなら、ローマ字表を用意すればすみますが、そもそも「キーボードの中から必要なアルファベットを探せない」ことも要因の１つです。

　１人１台個別最適化のための端末ですから、キーボードシールでアルファベットだけが見えるような配慮や、「A・I・U・E・O」のキートップに小さな丸シールを貼ることもできますよね。

低学年からキーボードに慣れていく

　ローマ字を習っていない低学年でも、タイピングアプリやWebサービスを利用してタイピングを練習することは可能です。意外と子どもたちもゲーム感覚で取り組んでくれます。楽しみながらホームポジションやローマ字に慣れておくと、上達も早そうですね。

（利根川 安積）

CHAPTER 3

▶ ▶ ▶

やってみよう！
プログラミング教育
～実践編～

◀ ◀ ◀

いよいよ実践編。実際に現場で取り組まれている事例を紹介します。子どもたちと一緒に楽しみながら取り組めること間違いなし。アレンジしながら活用してください！

実践1　5年生 算数「正多角形と円」

正多角形と円周の長さ

授業動画を
チェック！

使用教材・準備するもの

☐ プログル　☐ 教師用PC　☐ 児童用PC　☐ ワークシート

ねらい

　正多角形の性質や円周率の意味を理解する。また図形を構成する要素や図形間の関係に着目することで、図形の性質やつくり方を見い出す力を養う。また、円と関連させて正多角形の性質をとらえたり、多角形から円周率を考えたりすることを通じて、帰納的に考察する態度を養う。

プログラミング活用の良さ

　「プログル」は、チュートリアル（個別指導）から多角形や円の作図まで誰でも簡単に取り組むことができるプログラミング教材です。算数の授業用に特化しているため教員が特別な研修などを受けなくても取り組むことができます。また、子どもたちはコンピュータ上で作図する体験を通して、正確にかつ素早くかけることができることに気付き、コンピュータ上でプログラミングすることの良さを実感することができます。

単元計画（全8時間）

正多角形

1. 辺や角に着目し、「正多角形」の性質を調べる。
2. 正多角形の性質に着目し、円の中心の周りの角を等分して正多角形をかく方法を考える。
3. 図形の構成要素に着目し、円で正六角形がかける理由を考える。
4. 正多角形をかくためのプログラムについて、正多角形の性質をもとにして考える。（本時）

円周の長さ

1. 正多角形の性質に着目し、「円周」が直径の長さの何倍かを考える。
2. 円周と直径の長さの割合がどの円でも等しいことをとらえる。
3. 「円周率」の意味を理解し、円周の長さの求め方を考える。
4. 直径の長さと円周の長さの関係を調べ、比例関係を見い出す。

実践について

　本時を単元計画の真ん中に位置づけ、プログラミングを通した正多角形から円の学習へのスムーズなつながりを重視します。人間が正多角形をかくときは中心角を分割する方法がかきやすいですが、コンピュータではループ（繰り返し）の利用で簡単にかくことができます。

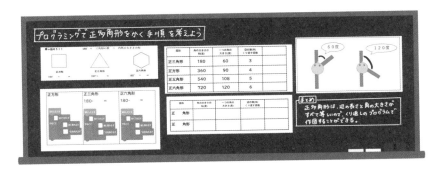

● 既習事項（多角形の内角の和）の確認をします。

● 本時のめあてを確認します。

　[プログラミングで正多角形をかく手順を考えよう]

● プログルの基本操作を確認します。

　プログルに線をひく長さと角度、またそれらを何回繰り返すのか
　指示するプログラムを作成します。

● 正方形のかき方を考えます。

　辺が４本、１つの角が90°をもとに作図すると正方形ができます。

 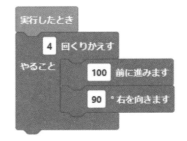

● 正三角形のかき方を考えます。

　１回めは辺が４本、１つの角が60°をもとにして考えます。実は、
　これは誤りで、正三角形を作図するプログラムにはなりません。

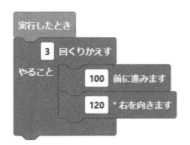 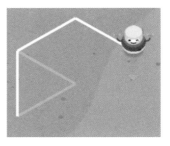

　ここでは、大人でも引っかかります！　次の計算が必要になります。

　180°−60°（１つの内角の大きさ）＝120°

　子どもたちの「えっ?!」という声からプログラムの内容の修正（ど

46

こが間違っているのか等）を検討するとよいです。

　作図中はプログルのキャラクターになりきって動作をしたり、ボード等を活用して説明し合ったりします。それにより、コンピュータの指示の仕方を認識しながら、角度の計算に関する感覚を身につけることができ、今後の授業での数学的な活動につなげることができます。

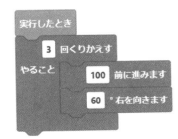

● 正六角形のかき方を考えます。
● プログルを用いていろいろな正多角形のかき方を考えます。
● 正多角形作成のプログラムを発表します。

まとめ

● 学習のまとめと振り返りをします。
　［正多角形は辺の長さと角の大きさがすべて等しいので、くり返しのプログラムで作図できる］

※参考：『新しい算数　5下』（東京書籍）

→ POINT

・「正三百六十五角形をかきたい」「正百角形をかきたい」などと、より多くの角を持つ図形をつくりたいという声が出やすいので、多角形が円に近くなることに気が付かせることができます。

・正多角形と円の関係性に気付くことができるので、6年「円の面積」や「反比例のグラフ」の学習にも結び付きます。

・6年「拡大図と縮図」の学習でも「プログル」を活用し、発展的な学習をすることができます。

（峯　愛）

実践2　5年生　総合「情報化の進展と生活・社会の変化」

AIとプログラミングで
身近な問題を解決しよう

授業動画を
チェック！

実践について

　みらプロ2019、Google提供の「AIとプログラミングで、身近な問題を解決しよう」の実践です。「みらプロ」は文部科学省、総務省、経済産業省が、小学校プログラミング教育の充実を図るために2019年から2020年に行った事業です。

　GoogleのAI画像認識ツールとScratchを使い、身近な問題を見つけ、それを解決するためのアプリ開発を行います。

　まずは、AI画像認識ツールを使い、自分の顔を認識させたり文房具認識アプリを開発したりします。その後、グループで、身近な問題を解決するアプリの開発をScratchを用いて行います。子どもたちからは、「図書館の本の場所を教えてくれるアプリ」「出席確認アプリ」などのアイデアが出てきます。

　子どもたちは、実社会の仕組みを体験的に学び、身の回りの問題を解決するためにプログラミングやAIを活用して主体的かつ協働的な学習を行うことができます。これによりプログラミングが問題解決の1つの方法であるということを学ぶことができます。

※参考：文部科学省「小学校を中心としたプログラミング教育ポータル」(https://mirapro.mirainomanabi.jp/lp_google.html)

（小島　寛義）

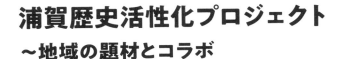

5年生 ／ 総合 ／ 使用教材：Scratch・embot

実践3　5年生 総合「まちの魅力と情報技術」

授業動画を
チェック！

浦賀歴史活性化プロジェクト
～地域の題材とコラボ

■ 実践について

　　株式会社NTTドコモの「embot」を活用したみらプロ2019「プログラミングを生かしてよりよい生活に」の実践です。

　　ダンボールロボットembotと出会い、「こんなかわいいロボットが、街で何かしてくれたらいいな」という思いをもった子どもたち。地域活性化を解決するためにロボットを活用して、「歴史を知らない人たちにPRをしたい！」と考えました。

　そこで、地域の祭りの催し物の１つとして、人感センサーで自動的にスタンプを押すロボットのスタンプラリーを計画し、実現に向けて地域の方々と交流しました。

　情報探究では、「調べて発表する」という知識的な提案から、「調べたことを解決するためのモデルを提示する」という技能を伴う提案へと活動をシフトすることが大切です。また表現活動のツールとして、文章や図工作品の他にコンピュータサイエンスを選択できるようにすることも必要です。例えば、総合的な学習の初期に、プログラミング教材を体験させ、コンピュータに慣れさせることができます。

※参考：embot教育機関向け公式HP（https://www.embot.jp/education/）／
　　　　文部科学省「小学校を中心としたプログラミング教育ポータル」

（府中 高助）

実践4　5・6年生 総合「情報技術を生かした生産」

信号機のしくみを知ろう

授業動画を
チェック！

使用教材・準備するもの

□ micro:bit　□ 児童用PC　□ USB（micro）ケーブル

ねらい

信号機のプログラムづくりを通して、身近な物のしくみに気付く。

プログラミング活用の良さ

　実体験を伴った学習活動を通して試行錯誤したことが学習の理解を深めます。また、日常生活においても、身近なものの仕組みに興味をもち、自ら考えたり、発見したりしようとするなど、興味開発型の探究学習へとつなげられることが期待できます。

単元計画（全5時間）

1．micro:bitの基本操作を知り、LEDを光らせる。
2．文字や記号を順番に光らせる。
3．文字や記号を動くように光らせる。
4．信号機のプログラムを組む。（本時）
5．身近なプログラムについて話し合う。

実践について

　電光掲示板や信号機のプログラムをつくるところから身近な物の仕組みに迫ります。最も単純なLEDを光らせるところからプログラムを少しずつ足していくことで、プログラムづくりに時間を取られず、作品を共有したり、話し合ったりする時間を確保することができます。

導入

▶ 前時までのプログラムを確認します。

　【文字や記号が光る看板の仕組み】

　文字はドットのon/offで表示される。また、点灯・点滅・スクロール（文字の動き）のプログラムが使われている。

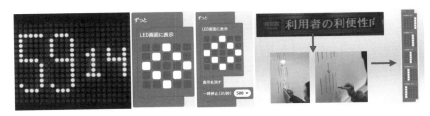

展開

▶ 通学路にある信号機の動画を見せ、信号機がどのような仕組みで動いているのかを考えた後、プログラムに置き換えます。

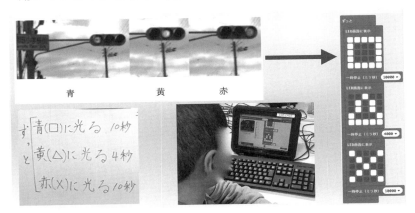

▶ 歩行者用信号機も同じようにします。

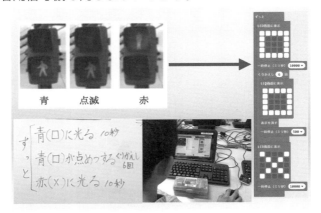

まとめ

▶ 信号機をはじめ、身近な物の多くはプログラムで動いていること
　を伝え、他にプログラムが使われているものを探します。
　（例）
　自動照明⇒人が動いたらつける
　炊飯器⇒炊き方に合わせて温度を調節する

身近なものの多くは
プログラムで動いている

● 応用として押しボタン式信号機の仕組みを考えてつくります。

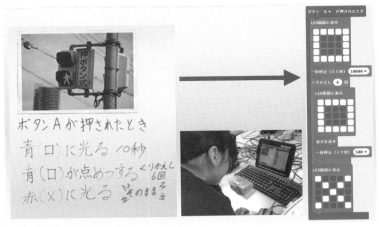

板書

● 実物の画像、フローチャートとブロックの組み方の手本を1つの
　まとまりで提示することで学習の流れを把握しやすくなります。

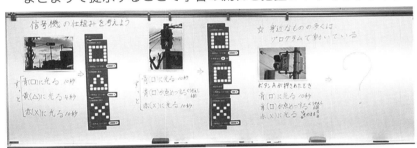

→ POINT

・いきなりプログラムを作成せずにアンプラグドで考える（言
　葉や文章で表す）と、処理内容がイメージしやすくなります。
・プログラム内容をmicro:bitで光らせるなど、実物に表すこ
　とでより体験的な活動になります。

（林　孝茂）

実践5　6年生　理科「私たちの生活と電気」

電気を効率よく使うためには？
①micro:bit

授業動画を
チェック！

使用教材・準備するもの

☐ micro:bit　☐ 教師用PC　☐ 児童用PC　☐ ワークシート
☐ コンデンサー　☐ モーター　☐ 手回し発電機
☐「電気の利用」向け理科ボード（TFW-RK2）

ねらい

　センサーを操作できるプログラミング教材（micro:bit）を活用し、街灯や扇風機の動きを制御するプログラムを考えることで、電気を効率よく利用している身の回りの道具の仕組みを理解し、それらの道具への関心を高める。

プログラミング活用の良さ

　明るさセンサーや温度センサー、加速度センサー、無線機能などをプログラムで制御できることを学ぶことができます。また、センサーの組み合わせ方を考え、試行錯誤を繰り返す中で、「電気に対する量的な関係」の視点に気が付くことができます。このような問題解決のために考えることで「主体的・対話的で深い学び」につながります。

単元計画（全4時間）

1. 生活の中の電気を考える。

　身の回りにある電気製品は、電気を何に変えているか考える。

2. 電気をつくる。

　手回し発電機を使って電気をつくる。手回し発電機を豆電球や発光ダイオード、モーター、電子オルゴールなどの機材につなぎ、回したときの手応えの違いや、回す速さによる変化を調べる。

3. 電気をためる。

　コンデンサーにためた電気を使い、つないだ機材によって使える時間に違いがあることについて考える。

4. 電気を効率的に使う。（本時）

　身近な電気製品がどのようにプログラムされているかを予想したり推論したりし、電気を効率よく制御する方法を考える。

実践について

　この単元全体では生活に見られる電気の利用について興味・関心をもって追究する活動を通して、電気の性質や働きについて推論する能力や、見方・考え方を育むことをねらいとしています。

　単元計画の3までの学習において、手回し発電機を使って、エネルギーが蓄えられることや変換されることを体験的にとらえさせます。

　本時では身の回りには電気を効率よく利用するためにセンサーなどの機器があり、そのセンサーなどの機器はプログラミング技術が活用されていることを体験的に理解させます。

導入

● 身の回りには、電気の性質や働きを利用した道具があること、またそれらを「無駄遣い」した教師の体験を紹介し、どうすれば無駄がなくなるか考えます。

課題を確認する様子

▶ 本時のめあてを確認します。

[電気を効率よく利用するために、節電になる電気製品を開発しよう]

展開1

▶ 「無駄遣い」をしてしまったことのある電気製品はないか、自分の生活を振り返り、電気を効率よく利用するために、どのような制御を用いた電気製品を開発したいか、グループで考えます。

▶ 開発したい電気製品について、どのような機能を使い、どのように制御するか、ワークシートにフローチャートを書きます。例えば、人感センサーで人の有無を調べ、人がいる場合は、明るさセンサーで照度を調べます。人がいて、かつ暗いときだけ電気がつくプログラムを可視化させます。

▶ フローチャートを基に、micro:bitの機能を活用してプログラミングし、グループごとに、電気製品を開発していきます。

フローチャートを作成する様子

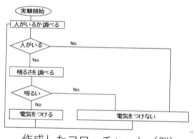

作成したフローチャート（例）

展開2

▶ 電気製品が意図したとおりに動作するか確認します。

試行錯誤を繰り返す様子

▶ 「条件分岐」（条件が満たされるかによって次に実行させるプログラムの位置を変化させること）や「順次処理」（命令した順にプログラムを実行すること）や「繰り返し」（同じ処理を繰り返して実行すること）の組み合わせを

実際に試す活動を通して、制御の仕組みを児童が体験的にとらえられるようにします。

▶ 試行錯誤を繰り返し、自分のプログラムを見直す場を設け、条件を追加したり、再検討したりします。

まとめ

▶ グループごとに、開発した電気製品を実際に動かしたり、プログラムを提示したりしながら、紹介し合います。

▶ 友だちと交流し、互いの多様な考え方やプログラムの作成の仕方を認め合い、多様な問題解決方法を学びます。

開発した電気製品	使用したセンサー
明るくなると動き、暗くなると止まる扇風機	明るさセンサー
人が近づくと動き、遠ざかると止まる扇風機	人感センサー
人がいて、27℃以下になると自動で動きが止まる扇風機	温度・人感センサー
扇風機の風速が10段階ある扇風機	温度センサー
外出先から動きを止めることができる扇風機	無線機能
温度が下がると音で知らせる扇風機	温度センサー
人が通ってから5秒で消える街灯	人感センサー
人が通る少し前にセンサーで感知し、人が通る頃に自動でつく街灯	無線機能 人感センサー

子どもたちが開発した電気製品

→ POINT

・子どもたちからは、「プログラミングで電気の働きを制御すれば、電気の無駄遣いが減らせると思いました」「フローチャートだけでは、自分たちのプログラムの間違いに気が付かなかったけれど、実際にモーターを動かしてみたことで、プログラムの仕組みがよくわかりました」などという振り返りがあります。

・子どもたちは、課題解決に向け、試行錯誤しながらプログラムの組み合わせを考える活動を通して、身の回りの道具の仕組みについて理解を深めることができます。さらに、プログラムの組み合わせや順序を論理的に考える論理的思考が高まります。

（大坪　聡子）

実践6　6年生 理科「私たちの生活と電気」

電気を効率よく使うためには？②Scratchベースの教材

授業動画を
チェック！

使用教材・準備するもの

□ センサー付きのプログラミング教材（内田洋行のプログラミングスイッチ）

□ 内田洋行のプログラミングスイッチ専用の、Scratchベースのソフトウェア

※「プログラミングスイッチ」は株式会社内田洋行（https://www.uchida.co.jp/education/programming/）による教材です。

□ 教師用PC　□ 児童用PC　□ ワークシート　□ 蓄電池
□ LEDライト

ねらい

　エネルギー資源の有効活用という観点から、電気の効率的な利用についてとらえる。

プログラミング活用の良さ

　単元の最後にプログラムを活用した電気の効率の良い使い方を学ぶことで、生活の中にプログラミングが深く関わっていることを実感させることができます。

■ 単元計画（全4時間）

1．身の回りにある電化製品の共通しているところを考える。

光、熱、音、運動に変換されて生活に利用されていることを確認する。

2．電気がどのようにつくられているのかを考える。

発電所の映像を見て、どのように発電されていたか確認し、手回し発電機で発電できるかを実験で確かめる。

3．手回し発電機でつくった電気をためる方法について考える。

コンデンサーに電気をためて、ためた電気を豆電球や発光ダイオード、電子ブザー、モーターで使う実験を行う。

4．電気を効率的に使う方法について考える。（本時）

「みんなのコード」（https://code.or.jp）「プロカリ」（https://procurri.jp/2019/05/23/microbit2/）のワークシートを使用。設計図を作成してから、プログラミングを行う。

■ 実践について

単元計画1で身の回りの電化製品について触れ、手回し発電機や光電池などを使って電気の特性を学びます。

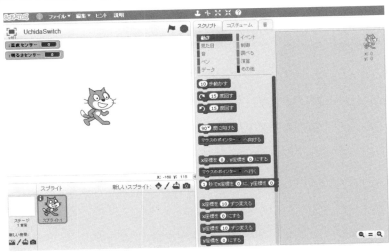

教材「内田洋行のプログラミングスイッチ」には、専用のCD-ROMが付属しており、専用のScratchベースのソフトウェアをインストールすることができます。接続した状態で左上の明るさセンサー、温度センサーの数値が動くかどうかを確認してください。

導 入

◉ 前の授業までの既習事項（手回し発電機で電気をつくる、蓄電池に電気をためることができる）の確認をします。
◉ 身の回りで電気を無駄に使ってしまっている例を紹介します。
◉ 本時のめあてを確認します。
　［身の回りの電気を効率的に使う道具の仕組みを、センサーを活用した簡単なプログラミングで再現しよう］

展 開

◉ 光センサー、人感センサー、温度センサー、地磁気センサー、ジャイロセンサーの役割を紹介します。
◉ 街灯が昼間でもついたままになっている課題を解決するには、どのセンサーを使えばよいか考えます。
◉ 今回は光センサーを使って、暗くなったときだけ道を明るくする街灯をつくることを確認します。

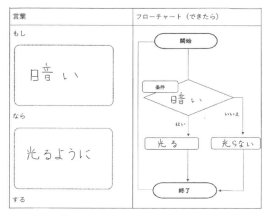

子どものワークシートをもとに再現

- ● 「もし〜なら、〜する。」という文章か、〈フローチャート〉でプログラムの設計図をつくります。
- ● スイッチと蓄電池とLEDライトの接続方法を確認します。
- ● Scratchを使って、旗がクリックされたら電灯が光り、 2秒後に消えるプログラムを作成します（図1）。
- ● 「ずっと」「もし〜なら、でなければ」「暗くなったら」のブロックを使って、街灯のプログラムを考えます（図2）。プログラムを繰り返さないと、 1度動作して止まってしまいます。時間に余裕があれば、「ずっと」を入れないで1度つくらせてから、なぜうまくいかないのか話し合わせてもよいです。
- ● 街灯のプログラムをクラス内で発表します。

〈図2〉

〈図1〉

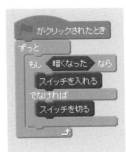

まとめ

- ● 学習のまとめと振り返りをします。
  ［電気を効率よく使うためには、センサーとプログラムを組み合わせて解決するとよい］

→ POINT

体験を通じて学ぶことで、子どもたちからは、「節約したりするのにも、センサーは大切だとわかりました」「次は、ジャイロセンサーや人感センサーを使ってみたいです」という振り返りを得られます。

（上園 雄太）

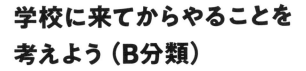

実践1　1・2年生 特別活動「学級活動」

学校に来てからやることを考えよう（B分類）

授業動画をチェック!

使用教材・準備するもの

□ フローチャートのワークシート（アンプラグド）

ねらい

「試行錯誤して改善する」といったプログラミング的思考をもとに自分の生活を振り返り、これからの自分の生活をより良くするための方法を考え解決する。

プログラミング活用の良さ

アンプラグド型のプログラミングの方法の1つである「フローチャート」を活用することで、改めて自分の生活を見直し、より良い方法を考え、改善につなげていくことができます。

実践について（全1時間）

子どもたちは学校の生活に慣れてくると、だんだんと手を抜いてしまったり、勝手に自分なりのやり方でやってしまったりしてしまいます。また、特別な支援が必要な子どもにとっては、朝の忙しい時間での片付けや準備は大変で、できなくてイライラしてしまうこともあります。

本題材では、フローチャートによって片付けの流れが可視化されるの

で、1つひとつチェックしながら確実に活動を達成することができます。

　子どもたちの実態や状況に合わせて、どの学年でも活用可能な事例
ですので、ぜひ取り組んでみてください。

導入

▶ 自分の朝の活動を振り返ります。
・おしゃべりをしていて時間がかかっていませんか。
・ぼーっとしていて、宿題を出し忘れていませんか。
などを、教室内アンケートや教師の話から自分事としてとらえさ
せます。

展開

▶ 時間がかかってしまったり忘れたりしてしまう原因や、その原因に
よって起こってしまう結果（友だちと外で遊ぶ時間が少なくなって
しまう、朝の会に間に合わない、先生に叱られてしまう等）を考え
ます。ここを丁寧にとらえることで、事の重大さを感じて自分事と
してとらえることができ、次の改善への意欲へとつながります。

▶ 改善するための手段をフローチャートに記入します。プログラム
の全体像を理解でき、パソコンを使用しないため、プログラミン
グ的思考を育むための方法として比較的取り入れやすい方法です。

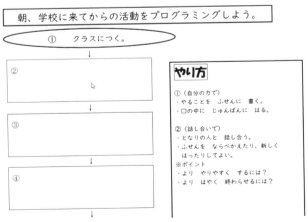

〈図1〉「順次」を生かしたフローチャート

▶ フローチャートには、次のような種類があります。
　・物事を順序良く並べる「順次」
　・状況によってやることを変える「分岐」
　・やるべきことが達成されるまで繰り返し行う「反復」
　今回は低学年なので、最も単純な「順次」のみで行います（図1）。
　発達段階によっては、「宿題が終わっている」 Yes（提出する）
　or No（先生に伝える）のような「分岐」を取り入れていくのも
　良いかもしれません。

▶ しかし、直接フローチャートに書き込んでいくと、途中で間違え
　たときに全部消して、また書き直さなければならないので、ここ
　でふせんを活用し、簡単に順番を入れ替えることができるように
　します（図2）。

〈図2〉　ふせんを活用したフローチャート

▶ 個人で考えるだけでなくペアやグループでの活動を取り入れます。
　個人で考える時間をとることはもちろん大事ですが、それだけで
　は順序や内容の間違いに気付けず、より良いものになりません。
　より良い順番にするために、ペアやグループの活動も取り入れま
　す。近くの人と話し合うことで、気付かなかった内容や、より効
　率的な順番にも気付くことができます。参考に、右ページに解答
　を掲載します（図3）。各校の状況によって内容を吟味してみてく
　ださい。

● フローチャートに表したものを教室に掲示し、次の日からの実践に生かします。できたらシールを貼るなどして達成状況を可視化していくと、子どもの意欲の向上につながり、教師が達成状況を把握することができます。特別な支援が必要な子どもも、きっと落ち着いて、1つひとつの活動を行うことができるはずです。

● 本授業のポイントは、活動を1つひとつ明確にすることと、「より良い」順番に並べることです。子どもの気持ちが緩んでいるときだけでなく、2学期や3学期のはじめなど、改めて学級のリスタートをしたいときなどにもおすすめです。

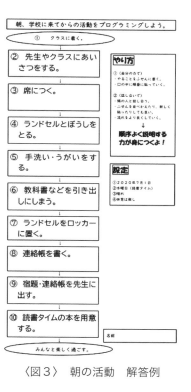

〈図3〉 朝の活動 解答例

→ POINT

特別活動にプログラミング教育を取り入れることを難しいと考えている先生方もいらっしゃるかもしれません。プログラミング教育はプログラミングをさせることがすべてではありません。ぜひアンプラグド型のプログラミング教育も考えてみましょう。特別活動に取り入れたことを、他の教科等の授業にも生かしてみてください。

（河上 彬）

実践2　1・2年生　図工・生活「うごくもよう」

夏休みの思い出を表そう（D分類）

授業動画を
チェック！

使用教材・準備するもの

☐ Viscuit　☐ 児童用PC　☐ ワークシート

ねらい

　Viscuitの操作性を知り、順序だててかくことでわかりやすく表現できることに気付く。また、花火として表すことで夏休みの自分の思いを楽しみながら表現する。

プログラミング活用の良さ

　「Viscuit」は、子どもたち自身が感性的にかいたり動かしたりできるプログラミングソフトです。手順を考えて作業をすると、より正確にわかりやすく、自分の思うように絵をかくことができます。さらに直感的にかいても形を整えることができます。子どもたちは正確にかつ手順に沿ってかくことでよりきれいにわかりやすくできることに気付き、コンピュータ上でプログラミングすることの良さを実感することができます。

題材計画

1．風車、動く模様の手順を復習する。（本時）

・Viscuitの基本的操作に慣れる。

・風車を回すための手順に気付かせる。

・動く模様で自分自身の花火を1つくる方法を確認する。

・動かす模様をかく方法を知り、どの模様をかくかを決める。

2．花火や動きのある絵など各児童によって作品をつくり、互いに見合う時間とする。

・動く模様の手順を確認する。

・各自で行いたい模様を、前回の作品をもとに再度改良して作品をつくる。

・完成した作品を「ビスケットランド」に送る。

・全員の作品がを鑑賞しながら、感想を伝え合う。

▌実践について

　本実践では、夏休みが終わった後に思い出を表すために紙と絵の具などでの作品づくり以外にも「プログラミングでこんな表し方もあるよ」ということで実践しました。筆を選んだり、色を選んだりと、かくことは、紙上に絵の具やクレパスや色鉛筆などでかくことと変わりません。しかし、それを参加している全員で同じ画面で共有したり、絵を動かしたりということはプログラミングでなければできません。

　また、ビスケットは、1つの画面でメガネを使って自分のかいたものを動かすという単純な操作であるため、どの子どもでも手順どおりにすればそれなりに模様や思いをかくことができるのが良いところです。

　1・2年生だけでなく、中、高学年でもクラス全員で1つの作品をつくり上げて見合うという作業では同じように実践できる実例になっています。例えば、4年生の学習発表会、入学式や卒業式の壁面飾り、展覧会の学年製作等の実践にも使える例となります。

導入

▶ 本時のめあてを確認します。

[ビスケットで夏をあらわそう]

▶「夏といえば花火だね」→「花火大会をしよう！」

「花火→丸い。回転しているみたい」→「風車の回し方から考えよう」

展開

▶（風車）の基本操作を確認します。

▶ 風車の回し方を考えます。

風車を左に置き、1つめのめがねの中に風車が重なるように配置して、下の矢印を右か左に回します。左回り右回りは自由でかまいません。

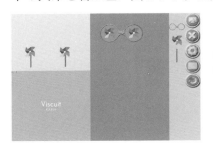

中心軸が動くと風車が回りながら
移動することに気付かせる。

▶ 花火のかき方を考えます。矢印をかいて回転させます。

背景は黒を選び、白っぽい色でかか
せるとわかりやすい。

▶ 矢印の先に好きな色で丸をつけます。

点1個の他に花火のようなきらきら
や複数の点をひとまとまりとしてか
く方法もある。

◗ 矢印には背景と同じ色で塗りつぶします。

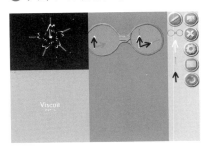

矢印の白色を黒色に変えると
より花火らしく仕上がる。

◗ 好きなように回転させたり移動させたりすると模様が回り始めます。

◗ 満足できたら、ビスケットランドに送りましょう。

まとめ

◗ お互いの作品をプロジェクターで壁面や天井に映して鑑賞します。

◗ 自分の作った作品を示しながらどのような工夫をしたか、できた作品の思い出について発表し合いましょう。

◗ 学習のまとめと振り返りをします。

　[ビスケットを使うと同じ動きを何度でも正確にできるからきれいな模様を作図して表すことができる]

→ POINT

作品を並べて見て鑑賞するのではなく、全員の作品が一緒にまとめて画面上に投影される中での自分の作品というものを鑑賞でき、自分を客観視する視点を得ることができます。

（稲田　路子）

実践3　2年生 国語・生活「おもちゃのせつめい書を書こう」

つくったおもちゃのせつめいを しよう（B分類）

授業動画を
チェック！

使用教材・準備するもの

☐ フローチャートのワークシート「短冊」（アンプラグド）
☐ ルビィのぼうけん（知育絵本）と付属の教材「こまったこと」

ねらい

　作業の手順をわかりやすく伝えるための方法について考え、気付いたことをまとめることができる。順序を示す言葉を使って話すことができる。

プログラミング活用の良さ

　事柄の順序に沿って簡単な構成を考えてかくことで、プログラミング的思考の１つである「順次処理」やフローチャートを活用する力を育てることができます。

単元計画（全5時間）

1．自分たちが１年生のときに生活科で取り組んだおもちゃを思い出し、１年生に教えてあげようという意欲をもつ。
2．１年生のときに遊んだり調べたりした遊びの中から、どのおもちゃを説明するか、分担を決める。
3．おもちゃの遊び方を練習しながら、説明のためのメモを取る。

4・5．おもちゃの作り方を対話的に共有する（本時）

・「ルビィのぼうけん」付属のワークシート「こまったこと」を読み、気付いたことをかく。

・メモをもとに「おもちゃの遊び方」の手順をかく。

・ペアやグループで対話を通して、考えを深める。

・本時を振り返る。（次時以降、１年生との交流などを行う。）

▌実践について

　アンプラグドの学習を国語科・生活科と関連付けて行います。国語科の「作り方をせつめいしよう」で、授業の導入にデバッグ（間違いを訂正する作業）を行います。正しい順番で、抜けがないことが大事だと確かめた上で、おもちゃに合った「遊び方」の説明書づくりをします。

▌学習材「ルビィのぼうけん」について

　「ルビィのぼうけん」とは、プログラミング的思考を育める知育絵本です。前半の「好奇心いっぱいの女の子、ルビィが冒険をする絵本パート」と、後半の「練習問題パート」を通じて、プログラミングに必要な考え方に触れることができます。

・書籍 リンダ・リウカス／鳥井 雪 訳『ルビィのぼうけん こんにちは！プログラミング』（翔泳社、2016年）

・教材「『ルビィのぼうけん』ワークショップ・スターターキット」（翔泳社、2017年）

導入

1　学習課題を把握し、見通しをもつ。

　　教　師：これから○時間の予定で、自分たちで決めたおもちゃのつくり方を、１年生に教えるために、「説明書」をつくる学習をします。

　　教　師：どんな説明書をつくったら良いでしょうか。

子ども：絵がある説明書。

子ども：わかりやすい説明書。

子ども：見やすい説明書。

教　師：今日は、「わかりやすい説明書」をつくるためのひみつ
　　　　をルビィたちと一緒に考えていきましょう。

▶ 本時のめあてをかきます。

　　［わかりやすいせつめい」のひみつをさがそう]

2　「こまったこと」を解決する方法を考える。

▶ ワークシート「こまったこと」を読みます。

▶ ワークシート「こまったこと」に、気付いたことをかき込みます。

　　教　師：どうやったら、ロボットを助けてあげられますか。

　　子ども：お湯を止める。

　　教　師：どうやったら、キツネを助けてあげられますか。

　　子ども：最初にテーブルクロスを広げる。

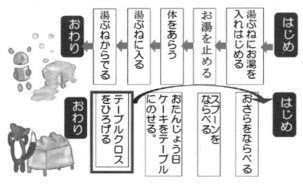

◇留意点

①何かし忘れたこと
　はないか。

②正しい順番か。

※『ルビィのぼうけ
　ん』ワークシート
　を基に著者作成

展開

▶ 導入で学んだことを生かしながら、おもちゃのつくり方の説明を
　考えます。

▶ 短冊１枚につき、１文ずつ説明をかいて並べていき、抜けている
　ところがないか、正しい順番になっているか確かめます。

▶ 短冊は、入替えや差替えがしやすい良さがあります。ある課題を
　細分化して、解決方法を考えるにも有効な手立ての１つです。

▶ 個人で短冊をかいた後、ペア・グループで交流し、全体で数名の子どもに発表させます。

まとめ

▶ 子どもたちが推薦する説明書を取り上げ、良いところの共通点を見つけます。はじめ・つぎに・そして、のような「つなぎ言葉」を使うとわかりやすいこと、初めておもちゃを見る１年生でもわかるように、手順に抜けがないようにすることをおさえます。

　教　師：「わかりやすいせつめい」のひみつは何でしょう。
　子ども：正しい順番で伝えること。
　子ども：し忘れることがないようにかくこと。

▶ 本時の振り返りをワークシートにかきます。

　教　師：おもちゃのつくり方をわかりやすく説明するには、どのようなことに気を付けたら良いでしょうか。

※参考：その他のおすすめアンプラグド教材／カードでピピッと はじめてのプログラミングカー（公式HP https://www.gakkensf.co.jp/pgc/）
　　　　『ひろがることば 小学国語 二下』（教育出版）

→ POINT

メモや短冊をかくときに、回数や長さなど具体的にかくとわかりやすいことをおさえます。本時では順序に着目することで、よりわかりやすくかけることを確かめます。

（鈴木　康晴）

実践4　2年生 音楽「[音のスケッチ] おまつりの音楽をつくろう」

リズムを選んで合わせよう（B分類）

授業動画を
チェック！

使用教材・準備するもの

☐ Scratch　☐ 児童用PC　☐ ワークシート　☐ リズムカード
☐ ヘッドホン　☐ スピーカー（必要に応じて）

ねらい

拍の流れを感じ取って簡単なリズムを打ったり、おまつりのような音楽など、自分なりの思いをもってリズムをつくったりすることができる。

プログラミング活用の良さ

Scratch上で同じカードを活用することで、音楽の仕組みとしての「繰り返し」を意識することにもつながり、プログラミング的思考を育んでいくことができます。Scratchを活用することで、PC端末上で実際に音を出して確かめながらリズムをつくっていくことができます。

題材計画（全3時間）

1．リズムパターンを確かめ、個人でリズムをつくる。
2．リズムカードの組み合わせを考える。（本時）

つくったリズムをScratchに入力して聴きながら、リズムを練習したり、組み換えたりして、おまつりの感じが出るように工夫する。Scratchではたいこの音をかなでることができる。

３．グループごとに発表し、つくったリズムの良さや面白さを聴き合う。

４．つくったリズムを和太鼓で表現する。（時数や実態に応じて）

▎実践について

　これまでの授業で身に付けてきた拍子やリズムに対する感覚を生かして、様々なリズムの組み合わせ方を試し、工夫をして音楽をつくっていくことができるようにします。

　まず、リズムカードを見ながら手拍子でリズムを打ち、カードにかかれたリズムを確かめます（あらかじめ、常時活動として、「手拍子リレー」などでリズムに慣れ親しませるのも良いでしょう）。

　次に、Scratchでリズムを確認し、子ども自身で範奏として活用します。操作が容易なため、リズムを入れ換えて工夫しやすいです。

導入

▶ これまでの学習を振り返り、クラス全体でリズムカードのリズムを手で打ち、リズムを確かめます。

▶ 本時のめあてを確認します。

　　[くりかえしをつかって リズムをつくりましょう]

▶ 同じリズムカードを使って反復すること、組み合わせ方によって、どんなリズムになるかを想像してつくるよううながします。

※想像させることで、「自分が思ったとおりのリズムにするにはScratchをどのように操作するか」「どこを変えたからできたか」を意識させることができます。

音楽ワークシート

年　　組　　名前 _____

めあて　くりかえしをつかってリズムをつくりましょう。

1　リズムカードをならべて、たいこのリズムをつくりましょう。

　□4つのリズムカードをならべる。
　□おなじカードを2回つかってよい。
　□スクラッチでリズムをたしかめる。

2　ふりかえり

展開

▶ Scratchでリズムカードを組み合わせて、4小節のリズムをつくります。

音楽ワークシート

年　　組　　名前 _____

めあて　くりかえしをつかってリズムをつくりましょう。

1　リズムカードをならべて、たいこのリズムをつくりましょう。

　□4つのリズムカードをならべる。
　□おなじカードを2回つかってよい。
　□スクラッチでリズムをたしかめる。

▶ でき上がったリズムを、グループで確認しながら、練習をしたり、組み換えたりします。

▶ 右上の画像のように、個人でつくったリズムをつなげて、グループで発表します。

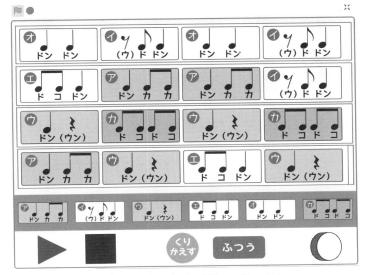

リズムメーカータイコ2C on Scratch
(https://scratch.mit.edu/projects/258172358/)

まとめ

学習のまとめと振り返りを行い、次時の予告をします。

※参考：『小学音楽 音楽のおくりもの2』（教育出版）
　　　　文部科学省「小学校を中心としたプログラミング教育ポータル」

→ POINT

・子どもたちからは、「パソコンでリズムをたしかめられてよかった」「ドン(ウン)やドコドンだとおわったかんじがする」「グループでつくったリズムをたくさんれんしゅうできた」といった振り返りが得られます。
・Scratchで太鼓の音で再生されるため、自然と子どもたちから、かけ声(合いの手)が出てきます。
・教材で速さを変えて練習できるため、和太鼓の個人練習にも役立ちます。

（鈴木　康晴）

実践5　2年生　図工「ふしぎなたまご」

ドキドキたまご
なにが生まれる？（B分類）

授業動画を
チェック！

使用教材・準備するもの

☐ Viscuit　☐ ラフスケッチ

ねらい

たまごから生まれてくるものを想像し、絵で表現することができる。

プログラミング活用の良さ

　何度でもやり直しがきき、想像の中でしか動かなかった自分の作品が画面上で動きます。そのため子どもたちの活動が活発になり、思いどおりに動かすために自然とプログラミング的思考が備わっていきます。

単元計画（全4時間）

1. たまごから生まれるものを想像したり、話し合ったりする。
2. 想像したたまごや、生まれてくるものをスケッチする。
3. ラフスケッチをもとに作品をつくる。（本時2〜3時間程度）
4. 作品の発表会をする。

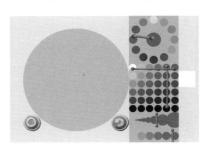

実践について

Viscuitは自由に色やペンの太さ、透明度を選択できます。子どもたちはこれまでに身に付けてきた色や形の感覚を生かしながら、想像したことを絵に表すことができます。また、お互いの作品を見合うことで、自分の作品に生かすことができ、体験的な学びになります。

導入

▶ めあてと「メガネのひみつ」（P.25参照）を確認します。

展開

▶ 割れたたまごと割れていないたまごをかき、指マークを使ってたまごを触ったら割れるメガネをつくります。

▶ スケッチをもとに絵をかきます。

▶ たまごから絵が出るメガネと絵を動かすメガネをつくります。

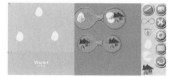

▶ 周りの友達と相談し合いながら、自分なりの表現を工夫します。

まとめ

▶ 友だちの作品でよかった工夫を出し合います。

※参考：『たのしいなおもしろいな ずがこうさく 1・2 下』（日本文教出版）

→ POINT

自分のかいたものが動いているのを見ることで、表現することに消極的だった子どもも、かきたい！という様子が見られ、形や色を工夫して表すようになります。作品を子どもたち同士見せ合い、互いに認め合う姿も見られ、他者理解につながります。

（上原　祥子）

実践6　2年生 国語「カンジーはかせの大はつめい」

カンジーシューティング
（B分類）

授業動画を
チェック！

使用教材・準備するもの

□ Viscuit　□ 児童用PC　□ 教師用PC　□ テレビ等（全員で画面を見ることができるもの）

ねらい

　カンジーシューティング（へんやつくり等を合体させて漢字をつくるシューティングゲーム）づくりを通して、漢字の構成を理解する。

プログラミング活動の良さ

　Viscuitを活用することで、漢字を実際に画面上にかきながら学習を進めることができます。

　漢字と漢字が合体するプログラムを組むことで、自然と漢字の理解を深めることができます。

単元計画（全2時間）

1．漢字の構成や熟語について知る。

・漢字を合体させる仕組みを理解し、教科書の問題に取り組む。

・熟語の考え方を理解し、教科書の問題に取り組む。

２．カンジーシューティングをつくる。（本時）

・シューティングゲームのつくり方を知る。

・オリジナルカンジーシューティングをつくり、友だちと紹介し合う。

・学習の振り返りをする。

▌実践について

　漢字の構成を考えることを通して、漢字の理解を深めていきます。ゲームを通じてへんやつくり、部首などの組み合わせを探し、たくさんの漢字に親しむことができます。

導入

▶ 前時までの学習を振り返り、「山」と「石」で「岩」という漢字ができることなどを確かめます。

▶ 教師がつくったゲームを提示し、本時のめあてを確認します。
　　［カンジーシューティングをつくろう］

・ゲームの完成形を提示することで、ゴールイメージをもたせ、「つくってみたい！」「自分もできそう！」という意欲を引き出します。

・必要な部品を考えさせることで、「別の漢字のときはどうすればいいか」「どこをアレンジしたいか」等を意識させることができます。

展開

- シューティングゲームのつくり方を確認します。
- 教科書や辞書を使い、ゲームに表現したい漢字をノートにかき出します。
- それぞれオリジナルのカンジーシューティングをつくります。

①「発射台」をタッチすると、「ビーム（山）」が出てくる。

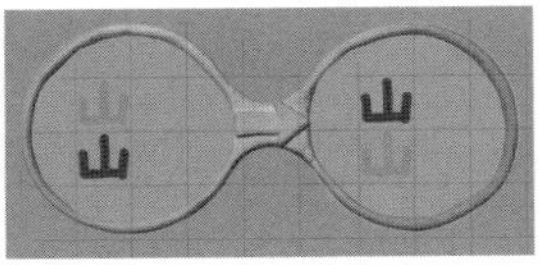

②「ビーム（山）」が上に進む。

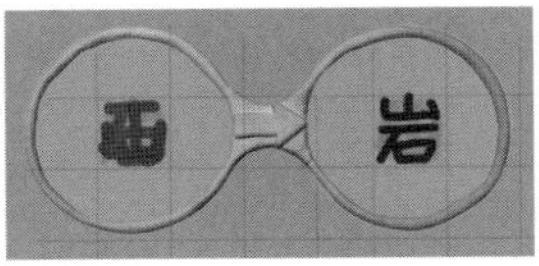

③「ビーム（山）」が「敵（石）」に当たると「爆発（岩）」になる。

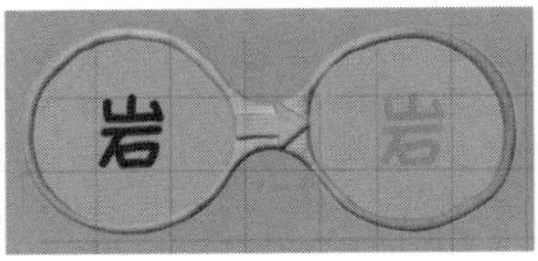

④「爆発（岩）」が消える。

⑤⑥「敵（石）」が左右に動く。

・発射台が動くようにしたり、敵が攻撃したりするなど、ゲームをより楽しくする工夫も考えることができます。

- 完成したゲームを友だちと紹介し合います。

・友だちのゲームで遊ぶことで、よりたくさんの漢字に触れることができ、学びの幅が広がります。

まとめ

- 今日の学習でわかったことやできるようになったことを発表します。
- 他の単元や教科でも同じようなプログラミングでゲームをつくることができます。左はかけ算のゲームです。ビームが「×7」敵が「9」、当たると「9×7」の答えの「63」になります。右はローマ字のゲームです。ビームが「あ」敵が「k」で、当たると「か」

になります。

カンジーシューティングゲームをアレンジした
ゲーム中の画面イメージ

※参考：『こくご 二上 たんぽぽ』（光村図書）

→ POINT

- 子どもたちからは、「漢字が合体するのがおもしろかったので、またやりたいです」「ほかの漢字でも、もっとつくれそうだと思いました」などの振り返りを得ることができます。
- プログラミングを楽しみながら、様々な漢字に興味をもつことができます。
- ゲームづくりという活動で子どもたちの意欲が高まり、漢字に苦手意識がある児童も積極的に取り組むことができます。
- 同じようなプログラムで、熟語シューティングもできます。
- 3年生以上の「へんとつくり」「部首」「形成文字」の学習でも、同じようにして取り組むことができます。
- ローマ字の学習として部品を「子音」と「母音」、かけ算の学習として「かけられる数」と「かける数」等に部品をかき換えて様々な学習に応用することができます。

（薄 玲那）

実践1 **3年生 道徳「プログラミング入門・シミュレーション」**

授業動画を
チェック！

風邪がうつるシミュレーション（C分類）

使用教材・準備するもの

☐ Viscuit　☐ 児童用PC　☐ 教師用PC
☐ 解説スライド（ViscuitのHPに公開されています）

※参考：原田ハカセによる動画https://youtube.com/watch?v=/4r5Xj1oPCRM

ねらい

　風邪の感染のシミュレーションを通して、渡すとなくなる「もの」と渡してもなくならない「情報」の違いを理解し、情報が風邪のように広がっていくことを知る。その上でインターネットを使うときのマナーについて考える。

プログラミング活用の良さ

　シミュレーションとは、現実に実験を行うことが難しい物事について、想定する場面を再現したモデルを用いて分析を行うことです。今日ではシミュレーションにコンピュータを用いることが多く、コンピュータの得意なことの1つと言えます。

　2、4、8、16と2倍に増えていく指数的な現象をプログラムで動かし、目に見えるようにするととてもわかりやすくなります。

単元計画と実践（全1時間）

　情報モラルの指導内容としては、インターネット等による心のすれ違いなどを題材とした、親切や思いやり、礼儀に関わるものが考えられます。ここでは、その一歩前の段階として、一度世の中に出たら、消えずに広がっていく情報の原理を学びます。情報を風邪にたとえ、風邪がうつるシミュレーションのプログラミングを作成することで、情報の広がり方を体験させます。

１．Viscuitを立ち上げ、制作画面を開く。

２．棒人間をかき、たくさんステージに入れる。

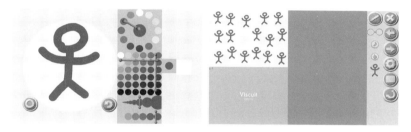

３．２の棒人間を動かす。

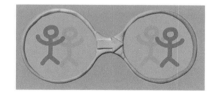

４．元気がない様子の棒人間をかき、１人だけステージに入れる。

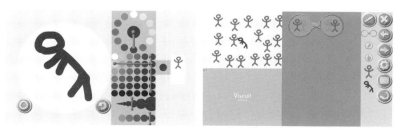

5．元気のない様子の棒人間には、ゆらゆら動く指示を出す。

　Viscuitで絵をゆらゆら動かすにはメガネを２つ使い、左上に動く指示と、右上に動く指示を出します。

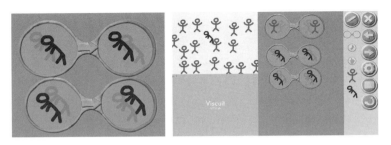

6．「最初にかいた棒人間は健康な人で、後からかいた棒人間は風邪をひいています。」と説明した健康な人と風邪をひいた人がぶつかったら「風邪がうつる」というメガネをつくる。

　今までつくった２〜４の３つのメガネはそのままにし、４つ目の新しいメガネをつくります。

＊プログラムの間違い例

２人が１人になる

ぶつからなくても風邪になる

＊正解のプログラム

7．６のメガネを動かし、風邪をひいている人が増える様子をシミュレーションする。

　風邪がうつるシミュレーションを動かします。その後、風邪の人がどんどん増えていく様子を、情報に変えて考えさえ、「もの」とは異

なる「情報」の特性を考えさせます。

▶ 風邪がうつるシミュレーションを通し、風邪の広がり方と情報の
　広がり方がそっくりであることを理解し、情報を発信するときの
　マナーを考えます。

・「もの」はだれかにあげるとなくなる。返してもらえる。「じょうほ
　う」はだれかに教えても忘れない。（ものと情報の違い）

・「じょうほう」を知っている人が知らない人に教えてあげるとかぜ
　のようにどんどん広がっていく。

・広がってほしいことと広がってほしくないことのちがいはコン
　ピュータにはわからない。

▶ 発展として病院を建てて、風邪の人が病院にぶつかったら治るプ
　ログラムを作成したり、救急車を走らせる、ワクチンを配布する
　などのシミュレーションを行ったりするのも良いでしょう。

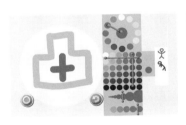 

→ POINT

・情報は原理的に拡散しやすいことを念頭に、インターネット
　の使い方やうわさ話、誹謗中傷などについて考えさせましょう。

・本授業を通じて正解のプログラムに辿り着くまでのデバッグ
　（試行錯誤）の体験をさせたり、病気を治したいという発想を
　子どもたちから引き出したりすることができます。

（野村　徹也）

3年生／道徳／使用教材：Viscuit

実践2　3年生 国語・図工「モチモチの木」「言葉から形・色」

Viscuitで情景を表そう！（C分類）

授業動画を
チェック！

使用教材・準備するもの

☐ Viscuit　☐ 児童用PC　☐ ワークシート

ねらい

　場面の様子や主人公の心の変容を読み取り、物語の好きな場面の様子を工夫して表現する。

プログラミング活用の良さ

　プログラミング教材を使用することで、今までの画材では表せなかった「変化」を表現できます。Viscuitは「色とペンの太さを選んでかく」部分の機能を直観的操作に委ねています。その分、子どもは限られた時間を自分の思いを絵に表すことに使うことができ、色や動きの変化についての思考を広げることができます。

単元計画（全3時間）

1．「ついたり消えたり」

・Viscuitの基本的操作に慣れる。

・2つのメガネを使った絵の入れ替えを学ぶ。

2．「ふしぎなたまご」

・タッチボタンの練習をする。

3．「モチモチの木の場面を表そう」（本時）

・気に入った場面の様子をViscuitで動きを付けて表す。

▌実践について

　この実践では、国語×図工の組み合わせで行われることの多い「言葉から形・色」の学習でViscuitを活用します。臆病な豆太とじさま（爺様）とのやり取り、豆太が勇気を振り絞って走り出す姿、そして題名にもあるモチモチの木が光って見える様子など、情景に変化が起こることの面白さを、静止画だけでなく動きを付けて表すことができます。

導入

▶ 本時までに、Viscuitの基本的な操作に触れておき、2つのメガネを使って絵を変化させられることを確認します。また、タッチボタンを使った「触ったら動作する」という動きを学んでおきます。

▶ 本時ではまずワークシートを用いて、絵の具とコンピュータの違いについて考えます。それぞれの特徴を挙げて比較した上で、プログラミング教材を使うと動きを表現できるということをここで確認します。

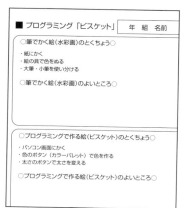

ワークシート（絵の具と
コンピュータの違い）

展開

▶「モチモチの木」で印象に残っている場面をペアで話し合います。

▶ Viscuitを立ち上げ、背景色の設定方法について確認します。

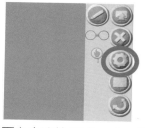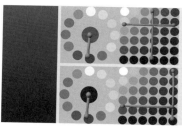

▶ 場面を表す絵をViscuitで描き、メガネを使って動きを付けます。

▶ 木の幹のような大きなものを描く場合には、パーツごとに組み合わせていくようアドバイスします。

▶ 練習で行った「２つのメガネを使って絵を入れ替えると、色が変わっているように見える」ことを想起させて、作品をつくります。

まとめ

- ▶ 友だちの作品を見せ合う時間を設けます。
- ▶ 作品を見せる際には選んだ場面とその理由を伝えるようにします。
- ▶ 印象に残った作品を発表し合い、全体で鑑賞します。

子どもが取り組んでいる様子

※参考：『国語 三下 あおぞら』（光村図書）
　　　　『ためしたよ見つけたよ 図画工作 3・4上』（日本文教出版）

→ POINT

- ・動きの変化に焦点を合わせることで、絵をかくことに消極的な子どもも絵の緻密さにこだわらず、積極的に情景を表すことができます。
- ・Viscuit の操作に慣れていない場合は、ペアで実施することをおすすめします。ペアで相談し合うことで、1人が作業している間にもう1人が別のペアの作品を見ることができ、プログラミング方法（メガネの使い方）の幅が広がります。
- ・実態に合わせ、音符ボタンを使い、音声や音楽をつけることもできます。
- ・「モチモチの木」に限らず、情景描写を扱っている各教材で同様の実践が可能です。

（渡邉 祐子）

実践3　3年生 総合「Let's TRY Programming!」

授業動画を
チェック！

Scratchでアメリカの小学校との交流学習（B分類）

使用教材・準備するもの

☐ Scratch　☐ 児童用PC　☐ 教師用PC
☐ Scratchで表示する画像

ねらい

　プログラミングの楽しさや面白さ、達成感などを味わう。アメリカの小学生に、自分のお気に入りの場所についてクイズを出しながら効果的に表現し伝えることができる。

プログラミング活用のよさ

　Scratchは、アメリカの小学校でも使われており、翻訳機能を使うことで、交流が活発になります。

単元計画（全5時間）

1．Scratchで基本的な操作の仕方を学ぶ。
2．場所の写真を撮影し、クイズにどのように取り入れるか考える。
3．Scratchでクイズづくりをして見せ合い、改善点を伝える。
4．クイズを完成させ、成果と課題を明らかにする。（本時）
5．つくったクイズをアメリカの小学校の友だちに伝え合う。

　本単元（Scratchでのクイズづくり）で身に付けた力を活用したり、より楽しく英語を学び合ったりする手立てになります。

　第4学年外国語活動「お気に入りの場所をしょうかいしよう」と関連付けて学習を進め、交流しているアメリカの小学校の友だちに自分のお気に入りの場所を紹介します。例えば、お気に入りの場所で働く人のコスチュームから場所を当てるなどのクイズを出しながら、紹介します。Scratchで作成できる、「もしこのボタンをおしたら、この画像を表示する」などのプログラムをクイズに取り入れます。

3年生 ／ 総合 ／ 使用教材：Scratch

導入

▶ 本時のめあてを共有します。

　　［お気に入りの場所をクイズでしょうかいしよう］

※前時を思い出させて、相手意識を持たせます。また、見通しをもって行動できるように学習内容を理解させます。

展開

▶ Scratchでプログラムを作成し、試行します。

▶ 前時の友だちのアドバイスをもとにクイズを改良します。

　元のプログラムはブロック2個のみのシンプルなものです。

　スペースキーを押すと、紹介する画像が切り替わるようになっています。子どもたちに発表や表現のツールとしてプログラミング（Scratch）を使うことを体験させることも考えてのことです。

※時間がある子どもは、動きや音などを加えます。

▶ 班でつくった作品を見せ合います。
　全体で工夫した点を発表します。
※友だちの作品の良さについて考えられるようにします。

▶ 自分のお気に入りの場所がより伝わるような工夫をします。
（ワークシート・作品・様子）

まとめ

▶ 活動を振り返り、発表します。
　①今回の学習でわかったこと
　②プログラミングをしてみてわかったこと
　③もっと知りたいこと・わからないこと
▶ Scratch3.0の拡張機能に、「音声合成」「翻訳」があります。「音声合成」のブロックに英単語を入れて、英単語を発音するプログラムを作成することで、アメリカの小学生がわかりやすいように工夫することもできます。

振り返りシート

翻訳
色々な言語にテキストを翻訳する。

必要なもの　協力
　📶　　　　Google

音声合成
言葉をしゃべるプロジェクトを作ろう。

必要なもの　協力
　📶　　　　Amazon Web
　　　　　　Services

【クイズのプログラミングの例】

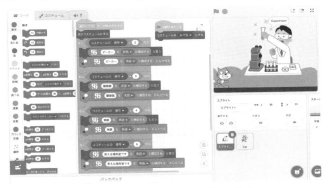

科学館がお気に入りの子どもの作品

→ POINT

・子どもたちからは「アメリカの小学生にしつもんするのが楽しかった」「とてもうれしかった。直せつあって話してみたい」という振り返りを得られます。交流は続くため、次にどう生かすかを考えられるようにしましょう。

・プログラミング（Scratch）は、面白い、楽しい、またやりたいと教師も子どもたちも思えるものです。学年でどのように系統性をもたせていくか考えていきましょう。

（毛利　泉）

実践4　3年生 理科「電気の通り道」

授業動画を
チェック！

電気を通すものチェッカーをつくろう！（B分類）

使用教材・準備するもの

☐ micro:bit　☐ 児童用PC　☐ ワークシート　☐ 電池　☐ 導線

ねらい

身の回りには電気を通すものと通さないものが利用されているという特徴や性質をとらえることができる。

プログラミング活用の良さ

micro:bitで電気を通すものチェッカーのプログラムをつくることで、「もし電流が流れたら」という条件分岐を使って、金属についての理解を深めることができます。

また、micro:bitにプログラムするときの手順を知ることができるため、コンピュータに意図した処理を行わせる体験ができます。

単元計画（全5時間）

1. 街の明かりの写真を見て、気付いたことを話し合う。
2. 豆電球に明かりがつくときとつかないときのつなぎ方を比べる。
3. ソケットなしで豆電球に明かりをつけ、回路を流れる電気をイメージする。

４．電気を通すものと通さないものを比べ、分類する。

５．電気を通すものチェッカーを作成し、身の回りのものを調べる。(本時)

実践について

単元計画の３までの学習において、電気を通すときと通さないときのつなぎ方を比較しながら、回路についての理解を深めます。

そして、電気を通すには何をつなげば良いのか、問題解決を行います。ここで、単元計画５を設定しプログラミング学習で体験的に理解させます。

また、小学校理科では、４年間で、「電気をつくる・ためる・つかう」ことを学習します。プログラミング教育は、「外部機器

	第3学年	電気の通り道
小学校		磁石の性質
	第4学年	電気の働き
	第5学年	電流がつくる磁力
	第6学年	電気の利用
中学校	第1学年	
	第2学年	電流
		電流と磁界
	第3学年	力学的エネルギー
		エネルギーと物質

エネルギーの変更と保存の系統性

（micro:bit等）との接続」や「ものづくり」の学習活動と親和性が高く、この学習過程では学年を超えて同一の教材を利用し、系統的にプログラミングを行うことができます。

本時は、プログラミング教材micro:bitを活用します。前時までの豆電球をmicro:bitに置き換えて電気を通すものと通さないものを調べます。

micro:bitを使って電気が通ったときの表現方法を工夫することで電気エネルギー変換の視点を働かせることができます。電気を通じるものについて、問題解決的に考えることが「主体的・対話的で深い学び」につながります。

- これまでの学習を振り返り、豆電球の明かりがつく条件や電気を通すものについて確かめます。そして、豆電球の代わりにmicro:bitを使うことを伝えます。
- micro:bitに電気を通すことで、自分たちで工夫した絵や音を出すことができます。

一部をmicro:bitに置き換えた回路

- 本時で解決する問題を提示します。
  [金属はどんなものに多く使われているのだろうか]
- 本時の学習内容や作業の順序を確認します。
- どんなプログラムにしたらよいか考え、micro:bit にプログラミングします。主体的に身近にある電気を通すものと通さないものを探せるように工夫しましょう。

協働的に学ぶようす

- 前時までに確認した電気を通すものと通さないものを利用して、正しく動作するかどうか確かめます。
- 電気を通すものチェッカーが意図したように動作するか確かめ、修正します。困ったら

主体的に金属を探すようす

友だちと相談し合い、協力しながら取り組ませます。

▶ 身近なものは電気を通すかどうか予想しながら確かめます。すぐに実験させるのではなく、一度予想とその理由について考えさせると良いでしょう。

▶ 身の回りのものは、電気を通すものと通さないものが組み合わせられていることもあり、そのおかげで電気を安全に便利に利用できていることにも気付かせましょう。

まとめ

▶ 学習のまとめを行います。実際に自分のチェッカーを使って、身の回りのどんなものに金属が多く使われていたかを子どもに発表させます。

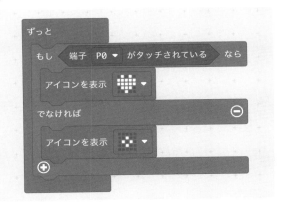

→ POINT

・「もし電流が流れたら」という条件分岐を使うことによって金属についての理解を深められます。また、意図したように動作するか確かめ、試行錯誤することにより修正や改善を行う経験を積むことができます。

・同一の教材を利用して系統的にプログラミングを行うことで、micro:bitの特徴を身に付けられ、「エネルギーの変換と保存」領域でのプログラミング的思考を存分に働かせることができます。

（内田 卓）

実践5　3・4年生 総合「コンピュータと私たち」

プログラミングにチャレンジ！（B分類）

\ 授業動画を
チェック！ /

使用教材・準備するもの

□ **プログラミングの興味関心をひく動画**
・経団連「20XX in Soiety5.0 〜デジタルで創る、私たちの未来〜」
・日産「【TECH for LIFE】ProPILOT Park RYOKAN」
など

ねらい

身近な生活でコンピュータが活用されていることに気付く。

プログラミングの良さ

　動画を見たり実際に見たことのあるキャラクターを自分の思い通りに動かしたりすることで、プログラミングのことを知らない子どもでも楽しんで行うことができます。

単元計画（全5時間）

1．プログラミングについて知ろう。（本時）
2．フローチャートを使ってプログラミングをしてみよう。
3・4．パソコンでプログラミングをしてみよう。（Viscuitの活用）
5．○組オリジナル水族館をつくろう！（Viscuitの活用）

実践について

　本題材は、初めてプログラミング教育を行う学年を対象に考えてあります。実態によってはどの学年でも活用可能です。

　いきなりプログラミングを始めると、子どもは「なぜ自分はプログラミングをやっているのだろう」と疑問を抱き、授業が難しくなってくると「どうせ自分には関係ないから」とあきらめてしまいます。

　プログラミングとの出会いを大切にすることで、その後の授業にも意欲的になり、自分の生活にも生かそうとすることができるはずです。

3・4年生 ／ 総合 ／ 使用教材：アンプラグド

導入

● まずはプログラミングのすごさを感じることができるような動画でスタートしましょう。

● 動画を選ぶポイントは、①少し先の未来であること、②プログラミングとのつながりがあることです。今は多くの企業がSociety5.0についての動画をYouTubeにアップロードしているので、子どもの実態に合わせて探してみてください。

展開

● 動画を参考にして、自動で動いたら便利なものを考えます。学校など自分の生活を振り返って考えることで、プログラミングをより身近に感じさせます。図1は教師の例です。

> # 先生はこんなものが自動で動いたらうれしい！
> ・給食のワゴン
> ・机の上や引き出しの整理整頓
> ・教室の温度調節・電気のオン・オフ
> ・丸付け
> ・校庭のライン引き
> ・そうじ

〈図1〉　自動で動いたら先生がうれしい学校のもの

● 次に、なぜいろいろなものが自動で動くのかを考えます。多くの子どもは「タイヤがあるから」「電池があるから」「モーターやエンジンが入っているから」などと答えます。
　そこで「プログラムによって動いている」ということに気付かせ、プログラミングについて説明します（図2）。

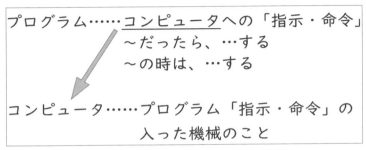

〈図2〉 プログラムとコンピュータの説明

● もし時間的に余裕があるのであれば、ここで入門的なプログラミングに触れさせ、達成感や面白さを感じさせます。
　「Hour of Code」というサイトに掲載されている教材「初めてのコンピュータープログラムをかく」「アナとエルサとコードをかく」です。これらは、キャラクターが自分の思いどおりに動き、ビジュアルプログラミングを採用しているため、小学生にとっても操作しやすい教材です（図3）。少しやり方を教えれば、子どもは夢中で取り組んでくれます。

〈図3〉 ブロックプログラミングの動かし方

● もう一度、プログラミングの良さについて触れます。

・身の回りにはプログラミングされたものがたくさんあること

・プログラミングには「人々の生活を良くしたい」という思いが詰まっているということ

・学習にもプログラミングが生かせること（図4）

などを取り上げると、他の授業でプログラミングを導入しやすくなります。

①作りたいものを想像する
　→目標・課題を持って行動する
②命令を順番に並べる
　→順序よく説明する
③できるか確認する
　→見直し・実験・観察
④間違っても直して、何度もチャレンジ！
　→あきらめない力

〈図4〉　プログラミングを授業で生かす（プログラミング的思考）

● 最後に、次の時間からフローチャートやViscuitを使ってプログラミングを体験してみることを伝えます。

→ POINT

何よりも先生が楽しんで授業をすることを通して、子どもが「プログラミングって楽しい！」と思えることが大切です。ぜひ皆さんがその楽しさを体感してください。

（河上　彬）

3・4年生／総合／使用教材：アンプラグド

実践6　4年生 算数「面積」

授業動画を
チェック！

プログラムで定規いらず！
広さの表し方・求め方（B分類）

使用教材・準備するもの

□ Viscuit　□ 児童用PC

ねらい

素材（かいた絵）の複製機能を使って面積を表すことができる。また、プログラミング体験を通して、長方形と正方形の面積の公式を導くことができる。

プログラミング活用のよさ

　１cm^{2}の正方形をどのように並べるのかを考えながらプログラムを組むことで、公式の意味を直感的にとらえることができます。

単元計画（全4時間）

1．面積の表し方・求め方（本時）
2．面積の求め方の工夫
3．大きな面積
4．面積の単位の関係

■ 実践について

　画面上で1cm²の正方形に見立てた図形を、マスに合わせて自由に並べたり、メガネ（プログラム）の一部を変えるだけで様々な大きさの長方形や正方形をつくったりすることが容易にできるため、子どもは試行錯誤を繰り返しながら面積の表し方や求め方を学ぶことができます。

導入

▶ 面積を比較する問題をもとに四角形（あ）と（い）の広さ（面積）の表し方を考えます。

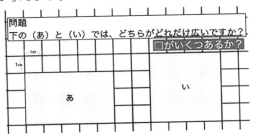

▶ 1cm²のマスを使って面積を考えさせます。Viscuitの方眼紙モード（マスを方眼紙に入力するモード）にしてからマスを問題と同じ図形になるように並べます。

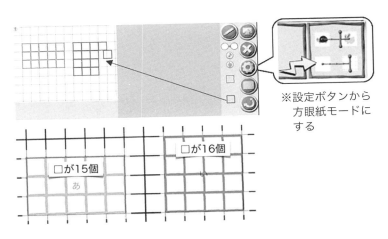

※設定ボタンから方眼紙モードにする

▶ マスの数で面積の比較をします。

> 式 16－15＝1
> 答え（い）の方が1辺が1cmの正方形1個分広い

▶ 面積の表し方を確認します。

> 面積は、1辺が1cmの正方形が何個分あるかで
> 表すことができます。
>
> 1辺が1cmの正方形の面積を1cm²とかき、
> 「1平方センチメートル」とよみます。
> cm²は面積の単位です。

展開

▶ Viscuitで「触ったら縦に正方形が並ぶ」メガネ（プログラム）の
つくり方を確認します。

▶ 問題の図形と同じ形になるようなメガネを考え、図形をつくりま
す。

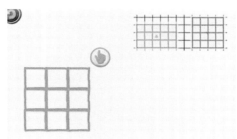

▶ ［縦に○個正方形が並ぶプログラム］を横に何回実行したのかを考
えることで、面積を計算で求められることがわかります。

● ２年生の学習で九九を使って箱に入ったお菓子の数を数えたこと
を想起させ、面接を求める公式へと導きます。

5回タッチ				4回タッチ			→		1 2 3 4 5			1 2 3 4
								3	3×5=15		4	4×4=16
3				4					15㎠			16㎠

長方形や正方形の面積は、たての長さを表す数と
横の長さを表す数をかけあわせて求めることができます。

長方形の面積＝たて×横
正方形の面積＝1辺×1辺

→ **POINT**

・定規を使う作図を行うと、子どもの発達段階に応じて差が出
やすいですが、Viscuitを活用することで、ねらいである面積
の求め方に焦点化した学習活動にすることができます。

・メガネを複数つくるとプログラムがランダムに表示され作図
ができなくなるため、本実践ではメガネは１つにしましょう。

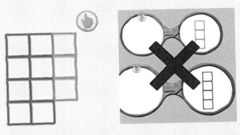

（林 孝茂）

4年生 ／ 算数 ／ 使用教材：Viscuit

実践7　4年生 算数「垂直・平行と四角形」

プログラミングで四角形を分類しよう（B分類）

授業動画を
チェック！

使用教材・準備するもの

☐ プロアンズ　☐ 児童用PC　☐ プロアンズ教材テンプレート
（https://www.proanz.com/lesson_plans/8c10a5b0e6ab4
3fc8194323adf5310bd）

※参考：ベネッセ「プロアンズ」https://www.proanz.com/

ねらい

　四角形の辺や対角線の位置関係、角の大きさに着目することで、四角形についての理解を深める。

プログラミング活用の良さ

　プログラミング的思考である、「条件分岐」を使い、三角形や四角形を分類することで、三角形や四角形の特徴について理解を深めることができます。

単元計画（全13時間）

1. 直線の交わり方（2時間）
　　垂直の理解と作図の方法を学ぶ。
2. 直線の交わり方（4時間）

平行の理解と作図の方法を学ぶ。

3．いろいろな四角形（4時間）

台形、平行四辺形、ひし形の理解と作図の方法を学ぶ。

4．対角線と四角形の特徴（2時間）（本時は2／2）

四角形の対角線の特徴を理解する。

5．単元のまとめ（1時間）

■ 実践について

　垂直、平行と様々な四角形の特徴を学習した後、プロアンズのアプリを活用し、四角形を分類する活動を行います。プロアンズは、株式会社ベネッセコーポレーションが提供している、プログラミング指導案共有サイトです。指導案とともに、教科のねらいを達成するために開発されたプログラミング教材があります。条件分岐の考え方を用い、アプリ内の「問題」を解いていく活動を通して、四角形の特徴の理解を深められます。本時ではプロアンズのアプリ「いろいろな四角形」を用います。

導入

▶ 今まで学んだ四角形をあげ、それぞれの特徴について、話し合います。

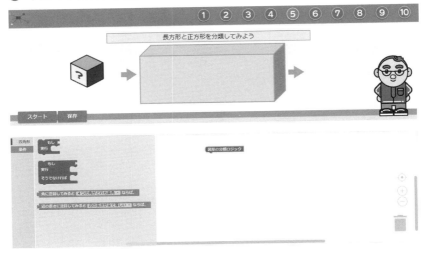

● 児童用PCを開き、操作の仕方を指導しながら、プロアンズの問題
①に取り組みます。問題①では、三角形と四角形を分類します。
ブロックを組み合わせて、三角形と四角形を分類するプログラム
を作成します。「条件」のタグの中にあるブロックで図形を分類し
ていくことが、この授業のポイントです。

● ここで、ブロックの動かし方や組み方、消し方を指導しておくと、
この後の問題への取り組みがしやすくなります。

● 問題①のプログラム完成後、つくったプログラムについて全体共
有し、三角形と四角形の条件について理解させます。

● 問題②〜④を解かせます。この3問は、三角形の分類なので、前
学年までの復習です。周りの子と相談しながら行わせましょう。

● 問題⑤を解かせます。問題⑤からは、四角形の分類です。条件タ
グに用意されたブロックを用いて、長方形と四角形を分類するプ
ログラムをつくります。
プログラム完成後、全体で共有し、四角形の分類について子ども
に理解させます。

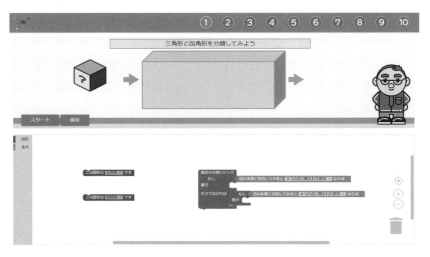

● 問題⑥〜⑩を解かせます。この4問は、「平行四辺形と台形の分離」
「長方形と正方形とひし形を分類」などを行う問題です。辺の長さ、

角の大きさなどの条件のブロックが用意されています。周りの子と相談して行わせましょう。1つの問題に対して、正解のプログラムはいくつもあるということも伝えておきます。

◉ 早く解き終わった子には、つまずいている子の支援をしてもらうと良いでしょう。指導者が進んでいる子を全体に聞こえるように賞賛したり、つまずいている子に、「〇〇さんに教えてもらうといいよ」とアドバイスしたりします。学びをコーディネートし、クラス全体で学び合う雰囲気にしていきましょう。

まとめ

◉ 練習問題を出し、子どもたちの理解を確認します。
例えば、「対角線が垂直に交わり、なおかつ対角線が同じ長さの四角形は？」「2組の向かいあう辺が並行でないが、1組の向かい合う辺が平行な四角形は？」などがあります。

◉ プロアンズで問題を解く中で四角形の分類について気付いたことを振り返らせ、全体で共有していきます。

※出典：ベネッセ教育情報サイト

4年生 ／ 算数 ／ 使用教材：プロアンズ

→ POINT

・条件分岐の考え方から四角形を分類することで、四角形の特徴の理解を深めることができます。
・Scratchなどブロックプログラミングに取り組んだ経験があれば、操作の説明は不要で、より算数の内容の理解を深められます。この単元を行う前に、経験させておくと良いでしょう。
・子ども同士が教え合える雰囲気で授業を進めることで、主体的な学びが期待できます。
・すべての問題が授業時間内に終わらない子も出るかもしれないので、休み時間等にコンピュータを使える環境にしておくと良いでしょう。

（小島　寛義）

実践8　4年生 算数「角の大きさ」

授業動画を
チェック！

プログラミングで角をかこう！
（B分類）

使用教材・準備するもの

☐ LINE entry　☐ 児童用PC　☐ 授業用スライドデータ
☐ ワークシート　☐ 指導者用ガイドブック

※スライドデータ、ワークシート、ガイドブックはLINE entryのHPから無償で
　ダウンロードできます。
※「LINE」は、LINE株式会社の日本における商標または登録商標です。
※「LINE entry」は、一般財団法人LINEみらい財団が提供する無償のプログラ
　ミング学習プラットフォームです。

ねらい

　「角の大きさ」や「角のかき方」で学習してきたことを活かし、プ
ログラミングの体験を通して、いろいろな角度を作図する。

プログラミング活用の良さ

　画面のキャラクターの進む向きをプログラミングすることで、角の
大きさをキャラクターの回転の大きさとしてとらえやすくなります。
これにより角の大きさについての感覚が豊かになり、学びを深めるこ
とができます。

単元計画（全9時間）

1. 角の大きさ （5時間）
2. 角のかき方 （3時間）
3. プログラミングで角をかこう！ （1時間、本時）

実践について

　LINE entryでは、角をかくためのレッスン内容が3段階用意されています。段階を踏みながらプログラミングをしていくので、子どもも操作に迷うことなく進めることができます。

　LINE entryは、小学校でのプログラミング学習を想定してつくられた、ブラウザで利用できる無料の教材です。

導入

▶ これまでの学習を振り返り、角をかくときに必要なことなどについて確かめます。そして、今日は分度器を使わずに角をかいていくことを伝えます。

▶ LINEのキャラクターとのやり取りの中で「カメに角のプログラムをして、スイカまでたどりつけるようにしよう」という課題を提示します。

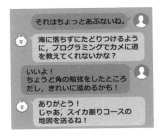

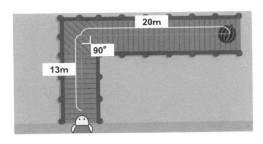

展開

▶ どのレッスンも、いきなりプログラミングするのではなく、まず算数のワークシートなどを配付して、アンプラグドで考えさせる

ことが大切です。

▶ レッスン1では、基本的な操作方法やワークシートのかき方について学びながら、プログラミングします。

〈レッスン1〉

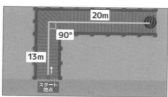

▶ レッスン2では、間違っているプログラムを正しいプログラムに直すことで、回転角の大きさについての学びを深めます。

▶ 困ったら友だちと相談し合いながらプログラムを考えます。

※ 「カメが落ちないようなプログラムにするにはどこを直すか」「なぜその角度だと思ったのか」を意識させることが大切です。

〈レッスン2〉

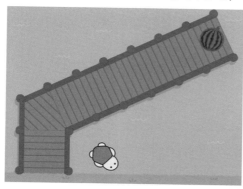

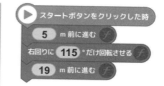

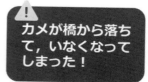

▶ レッスン３では、レッスン１・２で学んだことを生かして角度についての様々なプログラムを考えます。

〈レッスン３〉

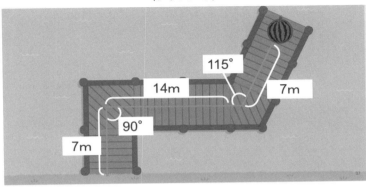

まとめ

▶ 学習のまとめを行います。進みたい方向と回転する角度の関係について、子どもたちに発表させます。

カメの向きを考えたプログラミングが必要

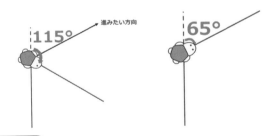

→ POINT

LINE entryには、スライドのデータや進行用台本が準備されているので、それに沿って進めるだけで大丈夫です。初めてプログラミングの授業を行う先生でも、スムーズに進められることができます。

（田中　萌）

実践 1　5年生 社会・総合「自動車工業」「未来の車をつくろう」

授業動画を
チェック!

未来の車を動かしてみよう！（B分類）

使用教材・準備するもの

☐ 動かしてみよう！（本体・ソフト）※㈱アバロンテクノロジーズ
☐ 児童用PC　☐ 教師用PC　☐ 跳び箱調整板（コース作成に使用）

※参考：株式会社アバンテクノロジーズHP「動かしてみよう！の機能」
（https://avalontech.co.jp/toppage/m_concept/m_howtouse/）

ねらい

　自らの意図したとおりにロボットを動かすことを体験し、日常生活におけるコンピュータの働きとプログラムについて理解する。

　自分たちの生活や社会をより良くするための機能を組み入れた工業製品（自動車）を考え、再現する。

プログラミング活用の良さ

　教材「動かしてみよう！」は、Scratchをもとにして開発されており、ブロックプログラミングでプログラムを組むことができるため、Scratchを体験したことがあれば、比較的容易に取り組むことができます。さらに、多くのセンサー（距離、タッチ、色、音等）を搭載していて、組立の必要がないところも良いところです。

　単元の流れとしては、5年生総合で扱う、生活に役立つプログラムが組まれたものの取り組みの1つとして、5年生社会科における自動

車工業の学習と関連させ、自動運転の車を取り上げます。

　人がアクセルを踏まなくても自動車は走り続けたり、人や物との距離を感知して自動車が止まったりするのは、プログラミングされているからであることを確認させた後、共通の課題として、物との距離を感知して適切に動作するようなプログラムを組んでいきます。

　これらによりプログラムの良さ、コンピュータの働きを見直していき、日常生活での問題解決に生かすことができるようにしていきます。

■ 単元計画と実践（全10時間）

　本単元では、自動運転（障害物の感知）についての課題を設定し、ロボットを使って再現していく活動を通して、どのようなプログラムが組まれているのか考えていきます。

1．身の回りにあるコンピュータについて考えよう。（1時間）

▶ 身の回りにあるコンピュータが使われているものを探します。
　予想される反応にはパソコン、スマホ、タブレット、ゲーム、ロボット掃除機、テレビ、冷蔵庫、エアコン、トイレ、自動ドア、自動販売機、カーナビ、お風呂（給湯器）などがあります。

▶ 自動運転の車の映像を視聴し、どのようなプログラムが組まれているのかを考えます。この車の動きをロボットで再現することを伝え、プログラミングへの意欲をもたせます。なお、社会科の学習で事前に視聴しておくと、より教科横断的な学習となります。

▶ プログラムにより運転の手順を自動化できることを知らせます。

2．プログラミングをして、ロボットを動かしてみよう。（2時間）

▶ ロボットの接続方法とソフト上でのプログラミングの仕方を確認します。

▶ 練習問題を行い、基本の動き方について学びます。

▶ ソフト上でロボットの動きのシミュレーションを行います。目的とした場所まで、自分の意図したとおりに動かすためには、どのような命令と手順が必要なのかを考え、ワークシートに記します。

▶ ロボットの台数によりますが、2〜4人程度に1台のロボットがあると、活動がスムーズにいきます。

3．自動運転（自動ブレーキ）の仕組みを再現してみよう。（3時間）

▶ 自動運転は、どのような仕組みでできているのかを考えます。

（例）人や物を感知したら、止まる。

▶ 安全のために衝突を回避することが求められていることから距離センサー（障害物に近づいた時に反応するセンサー）を使ったプログラムをつくります。

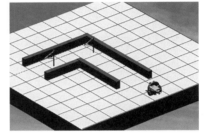

〈例1〉

```
       がクリックされたとき
両側▼ のモーターを速度 50 にする
もし  前方▼ の距離センサーが反応した なら
   両側▼ のモーターを速度 0 にする
   左▼ に 90 度 回転
   両側▼ のモーターを速度 50 にする
```

〈例2〉

```
       がクリックされたとき
両側▼ のモーターを速度 50 にする
ずっと
   もし  前方▼ の距離センサーが反応した なら
      両側▼ のモーターを速度 0 にする
      左▼ に 90 度 回転
      両側▼ のモーターを速度 50 にする
```

▶ 距離センサーを使う際は、「もし〜なら」の命令だけでは、意図したとおりに動かないことに留意して指導する必要があります。例1の場合、スタート直後にセンサーが反応しますが、その時点で障害物がないため、その後センサーは反応しません。そこで、例2のように「もし〜なら」をさらに「ずっと〜」の命令で囲み、常にセンサーが反応するようにしなければなりません。車を運転する際には、ずっと周囲の歩行者や障害物に注意をしていなくてはいけないことをイメージさせるとわかりやすいでしょう。

▶ 意図する動きを再現するプログラムは１つではないことにふれます。それぞれの良さを見つけさせ、わかりやすいプログラムとは、他者がみて、動きが明確に理解できるものや、少ない手順で再現できているものだということに気付かせましょう。

４．コースを走らせながら、より良い動きにしてみよう（３時間）

▶ 指示したとおりにロボットが動くことを実感させ、意図したとおりに動かない場合に試行錯誤を繰り返すことが重要になります。

▶ 実際にロボットを動かす中で課題を見つけ、グループ内での話し合いや他のグループとの交流を通して、主体的に工夫・改善が行えるようにします。

▶ コンピュータ上の動きと実物の動きを比較します。自動運転の自動車に近づけるためには、どのような動きが必要かを考えさせると、より発展的な学習につながっていくでしょう。

５．学習のまとめをしよう（１時間）

▶ 自動運転の車の映像を再度視聴して、どのようなプログラムが組み込まれているのかを、学習のまとめとして振り返ります。

▶ 単元の導入でも行った身の回りにあるコンピュータが使われているものについて改めて考えていきます。

> **→ POINT**
>
> 授業の中でプログラムは意図をもって 人間がつくったものであることや、機械ならではの良さ・苦手なことなどを伝え、子どもたちがコンピュータや情報技術と関わっていけるようにすると良いでしょう。

（茂見　知宏）

実践2　5年生　家庭「暖かく快適に過ごす住まい方」

授業動画を
チェック！

micro:bitで照度や気温を測定しよう（B分類）

使用教材・準備するもの

□ micro:bit　□ MakeCode（https://makecode.microbit.org/）
□ タブレットPC　□ ワークシート

ねらい

　学校内の明るさや気温を調べる活動から、寒い季節の住まい方について課題を見い出し、快適に過ごすための方法を考える。

プログラミング活用の良さ

　室内の明るさや温度をmicro:bit 1つで簡単に計測することを体験でき、コンピュータを活用する良さを実感できます。

題材計画（全4時間）

1．寒い季節の「快適な」住まいについて考えよう。（1時間）

・寒い季節の快適な教室とは、どんな教室かを話し合う。

・照度計と温度計を用いて、教室内の明るさや気温を測る。

2．教室をより快適にする方法を考え、実践しよう。（2時間）

・教室をより快適にする方法を調べ、実践計画を立てる。

・実践しながら、教室の明るさや気温の変化を検証し、振り返る。

3．学校内の快適度を調べてアドバイスしよう。（１時間、本時）

・micro:bitで「快適度チェッカー」をつくって学校内の快適度（人が快適に過ごせる明るさと気温）を測り、アドバイスカードを作成する。

実践について

導入

前時までの学習を生かして校内の快適度をチェックし、暖かく快適な過ごし方を全校にアドバイスしようと投げかけます。意図的に「照度計の数が全員分足りない」状況をつくり、「ないものはつくってしまおう！」と提案します。micro:bitを使えば、１台で明るさも気温も計測できることを伝えます。

展開

「①快適度チェッカーに必要な仕組みを考える→②プログラム作成教材MakeCodeでプログラムを組み立てる→③MakeCode上のシミュレーターで動作確認→④micro:bitにプログラムをダウンロード→⑤実際に動作確認」を行い、グループごとに担当する場所へ計測に行きます。ワークシートに計測値やその場所の様子を書き込み、より快適に過ごすための方法を考え、アドバイスカードを作成します。

まとめ

本時でわかったことをまとめ、micro:bitを使う良さにも触れます。

※参考：『わたしたちの家庭科5・6』（開隆堂出版）

> **→ POINT**
>
> 展開部の「必要な仕組み（動き）を考える」を丁寧にやっておくと、作成したいプログラムの全体像（ゴール）をつかむことができ、コンピューターへ苦手意識をもつ児童も学習へ参加しやすくなります。

（平山　めぐみ）

実践3　5年生 図工「ビー玉の冒険」

MESHを使って面白い
ビー玉迷路をつくろう（B分類）

授業動画を
チェック！

使用教材・準備するもの

☐ MESH　☐ タブレットPC　☐ 画用紙　☐ 芯材
☐ セロハンテープ　☐ 養生テープ　☐ はさみ　☐ 身辺材

ねらい

　身近にある材料とMESH（IoTブロック）を組み合わせて、教室に面白い仕組みのあるビー玉迷路をつくる。

プログラミング活用の良さ

　アナログでは表現できない仕組みをつくることができます。試行錯誤しながら、何度もビー玉迷路の仕組みをつくりかえることができます。

題材計画（全6時間）

1．MESHでどのようなことができるのか考えて試す。（2時間）
2．MESHと芯材や他の近辺材を組み合わせて、ビー玉迷路をつくる。
　（2、3時間）
3．ビー玉を転がして、相互鑑賞する。（1時間）

　MESHを試す時間、ビー玉迷路をつくる時間、ビー玉を転がして鑑賞する時間、合わせて4〜6時間確保する。

実践について

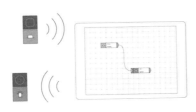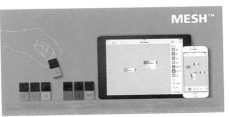

※画像：MESH公式サイト

　MESHとは、可能性がつまったIoTブロックです。LED、ボタン、人感、動き、明るさなどの機能ごとに用意されたブロックを組み合わせて、様々なプロジェクトを実現させることができます。ブロックを無線でつなげ、タブレットPC上でプログラムします。教室の環境を生かしてつくるビー玉迷路に、MESHを取り入れることで、アナログだけでは表現できない仕組みのコースをつくることができます。

　使用できるブロックには、LED、ボタン、人感、動き、明るさがあります。タブレットPC上の機能では、カメラ、マイク、スピーカーが使用できます。

　また、GPIOブロックを使用すれば、モーターやセンサーなどの電子パーツを制御することも可能です。子どもの実態や環境に合わせて、ブロックを変更したり、WEBサービスを取り入れたりすることで、活動の幅を広げられます。

導入

- ▶ 4年生で学んだアナログなビー玉迷路（個人作品）を振り返ります。
- ▶ MESHと組み合わせてビー玉迷路をつくることを伝えます。
- ▶ MESHの使い方を確認します。

5年生 ／ 図工 ／ 使用教材：MESH

● MESHとタブレットPCをペアリングします。
・タブレットPCとMESHを充電したり、ペアリングをしておいたり
　するなどの事前準備が必要です。

 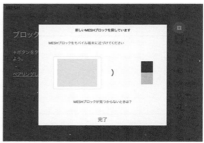

※画像：MESH公式サイト

展開

● MESHでどのようなことがで
　きるのか考えて試します。
● 迷路上でどのような仕組みを
　つくるのか考えます。
（例）
・動きセンサーにビー玉を当てて
　反応させる。
・人感センサーの前にビー玉を通
　して反応させる。

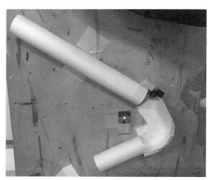

・ゴールに着くとLEDライトが光る。
● 友だちと協力し、教室の環境を生かしてビー玉迷路をつくります。
　※グループ（４人前後）で活動します。
● 迷路にMESHを組み合わせ、様々な仕組みをつくります。

まとめ

● 実際にビー玉を転がして相互鑑賞をします。
● グループ内で２チームに分かれ、前半後半で時間を分けて作品を
　鑑賞します。自分が鑑賞していない際は、他のグループの友だち
　に自分たちの作品について説明します。

● 自分たちや友だちがつくった作品の良さを発表します。

● ワークシートなどに振り返りをまとめます。

※参考：『ためしたよ見つけたよ　図画工作3・4下』（日本文教出版）

→ POINT

・アナログな活動の中にMESHをとり入れることで、活動の幅が広がり、子どもたちは意欲的に活動できます。

・子どもたちからは次のように互いの作品を説明したり、実際にビー玉を転がし合ったりする振り返りが得られます。

「ゴールの旗にビー玉が当たったら『おめでとう！』と音声が流れてうれしかった」「明るさセンサーを反応させるために、ビー玉が当たると画用紙が倒れて明るさを変えられるようにするのを頑張った」「トンネルの中に人感センサーが隠してあったのが面白かった」「あたりとはずれのコースが分かれていて、あたりのコースに行くとLEDライトが光るようにした」

・MESHを手渡す際には、簡単な説明のみ行い、子どもが自分たちで考えて試す時間を十分に確保します。

・アナログとデジタル（プログラミング）を掛け合わせることで、子どもたちの表現の幅が広がります。

・直感的にプログラムすることができるため、思いどおりの仕組みを表現することができます。

・子どもたち1人ひとりの活動を評価をするために、活動中は動画で子どもたちの活動の様子を記録したり、振り返りカードを書かせたりするなどすると良いでしょう。

（岩本　紅葉）

実践4　6年生 算数「拡大図と縮図」

拡大図や縮図のかき方を考えよう（B分類）

授業動画を
チェック！

使用教材・準備するもの

□ プログル　□ 教師用PC　□ 児童用PC

ねらい

プログラムづくりを通して、拡大図や縮図の作図の仕方を考える。

プログラミング活用の良さ

　作図した際のプログラムを振り返ることで、角度が等しいことや辺の長さがすべて同じ比になっていることを数値で確認することができ、拡大図や縮図に関する基礎的な知識の定着を図ることができます。

　また、正確に作図できたり容易に修正できたりするコンピュータ利用の良さを実感することができます。プログラミングの基本的な概念である「反復」を身に付けることもできます。

単元計画（全10時間）

1．「拡大図と縮図のかき方」拡大図、縮図について理解する。（本時）
2．「縮図の利用」縮尺の意味と表し方を理解する。
3．縮図を活用して、実際には測定しにくい長さの求め方を考える。
4．単元のまとめ

■ 実践について

　方眼を使って拡大図や縮図をかく方法について学習した後で、算数学習専用プログラミング教材「プログル」の「多角形コース」を活用して、方眼を使わない拡大図や縮図の作図に取り組みます。

　これまでに学習した「合同な図形」と、今単元で学習する「拡大図・縮図」は、どちらも「同じ形」に着目します。しかし、「合同な図形」は「ぴったり重ねることができる図形」ですが、「拡大図・縮図」は「大きさを問題とはせずに、形が同じ図形」という違いがあります。本単元では、合同な図形の作図をもとに学習を展開していきます。

　5年生の算数「正多角形と円」（P.44）ではプログルを用いて正多角形を作図したことから、同じソフトウェアを活用することで、子どもたちは授業時間内でも十分に作図に親しむことができます。

導入

- ▶ 既習事項を確認します。
  - ①拡大図・縮図は、対応する角の大きさが等しく、対応する辺の長さの比がすべて等しい。
  - ②方眼を使って、拡大図・縮図を作図できた。
    方眼を使って拡大図や縮図を作図したことを復習します。
- ▶ 本時のめあてを確認します。
  [プログラミングを通して、拡大図や縮図のかき方を考えよう]

展開

- ▶ プログルの「多角形コース」ステージ8を選択します。
- ▶ 「一辺が100の正三角形」という条件を全体で確認し作図します。
- ▶ 「くりかえすブロック」（反復の指示を出すプログラム）が便利であることを理解します。
- ・「100歩前に進みます」を繰り返す回数と、図形の辺の数が等しいことを確認します。

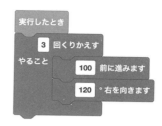

● 2倍の拡大図のかき方を考えます。

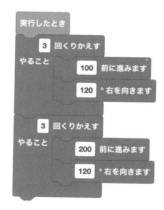

● 「角度は変えずに辺の長さをすべて2倍にすれば、2倍の拡大図を
かくことができる」ということを確認します。

● 拡大図と同じ手順で、縮図のかき方を考えます。

● 「角度は変えずに辺の長さをすべて1/2倍にすれば、1/2倍の縮図
をかくことができる」ということを確認します。

（例）

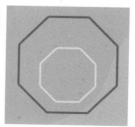

- 自分で考えた図形の拡大図や縮図を作図するプログラムを考えます。
- できた拡大図や縮図と、そのプログラムを発表します。

- 学習のポイントや考えたことなどを振り返ります。
  例えば、「対応する角の大きさを変えずに辺の長さの比を変えればよい」「正多角形や合同な図形を作図した経験を生かせば、拡大図や縮図をかくことができる」などと子どもたち同士で伝え合います。

- 星型などの複雑な図形に取り組んだり、色付けの指示である「色を設定ブロック」を使ったりすることで、作図に対する子どもの意欲や視認性が高まります。

- ロボットのグラミン（画面上のキャラクター）の位置を、線をひかずに移動させることができます。

- 自分で作図した図形とプログラムは、「印刷ボタン」から簡単に印刷ができるので、教室に掲示したりノートに貼ったりすることができます。

→ POINT

・コンパスや分度器を使って作図することが苦手な子どもでも、コンピュータを使うことで正確に作図することができます。
・本時の学習は、次時以降の「合同な三角形のかき方を使って、手がきで拡大図や縮図を作図する活動」「1つの点を中心にして拡大図を作図する活動」につながっていきます。

（佐藤　隆太）

実践5　6年生 図工「デジタルアートに挑戦！」

Viscuitを使った動く
デジタルアートに挑戦（B分類）

授業動画を
チェック！

使用教材・準備するもの

☐ Viscuit　☐ タブレットPC
☐ プロジェクター　☐ 画用紙や紙コップなどの白い材料
☐ ビニールなどの透明な材料

ねらい

　Viscuitを活用して制作する動きのある模様と、それを投影する空間を組み合わせることによって、動きの美しさや空間を変える面白さを味わう。

プログラミング活用の良さ

　アナログでは表現できない動きのある仕組みをつくることができます。また、試行錯誤しながら、何度も動く模様の仕組みをつくりかえることができます。

題材計画（全1時間）

1．Viscuitを活用した動く模様のつくり方を知り、個人で制作する。
2．互いの作品を鑑賞し、友だちのプログラムの工夫を見付ける。
3．発見した友だちのプログラムを生かして、再度制作する。

4．プロジェクター１台を使って、動く模様を投影し、空間を変える
　面白さを味わう。
5．グループで１台のプロジェクターを使用し、活動する。

実践について

　Viscuitはブラウザ上で使用できるため、アプリケーションのインストールが不要であり、端末を選ばず実践することが可能です。

　本題材は、動きのある模様をつくり、それをプロジェクターで投影することを通じて、図工室（教室）内の空間と動く模様との組み合わせ方を工夫し、あっと驚く空間を子どもたちの手でつくり出すことができます。１つひとつはシンプルな形でも、それが複製されたり、組み合わせられたりすることによって、ときには万華鏡のような世界が生み出されます。ここまでの活動は低学年でも実践することができます。

　さらに作品をプロジェクターで投影することで、空間や材料との組み合わせが可能となり、高学年の実践にも応用することができます。映像と空間との組み合わせから得られる新たな発想によって自分の作品をブラッシュアップしていく学びの過程を通して、「主体的・対話的で深い学び」を実現できます。

6年生／図工／使用教材：Viscuit

導入

▶ Viscuitの使い方、プログラムのつくり方を学び、動きを考えます。

展開

▶ Viscuitで各自、「絵が上下左右に移動する」「絵と絵がぶつかったら別の絵になる」などのプログラムを作成し、動く模様を制作します。

▶ 友だちがつくったものを相互鑑賞し、友だちの作品の良いところを取り入れるなどして再度制作します。

▶ プロジェクターの使い方を学びます。

▶ 動く模様を投影し、また投影した空間の感じに合わせて動く模様をつくりかえます。

▶ 画用紙や紙コップなどの白い材料や、ビニールなどの透明な材料と組み合わせて、投影した映像の変化や空間の変化を試します。

まとめ

▶ 相互鑑賞をします。グループを2チームに分け、前半後半で時間を分けて作品を鑑賞します。自分が鑑賞していないときは、他のグループの友だちに自分たちの作品について説明します。

▶ 自分たちや友だちがつくった作品の良さを発表します。

▶ ワークシートなどに振り返りをまとめます。

▶ 片付けをします。

※参考：『見つめて広げて 図画工作 5・6上』（日本文教出版）

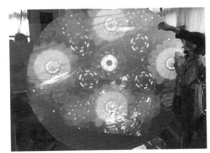

■児童たちの作品例

→ POINT

- 子どもたちからは、デジタルでの表現方法を知り、協同的にその可能性を探究し続ける様子が感じられる、次のような振り返りが得られます。

「デジタルアートは自分たちでもつくることができると知った」

「綺麗な模様をつくるには少し難しい部分もあったけど、プログラミングは楽しい。もっとやってみたい」

「ビニールや、床、机の下など様々な場所に投映像を映すことで、同じ模様でも場所によって雰囲気が変化するのが面白い」

「きれいだなと思った作品も、友だちのアイデアからもっと工夫できることを知って、さらに納得のいくものに進化させることができた」

- 動く模様の制作手順を説明する際には、簡単な説明のみ行い、子どもが自分たちで考えて試す時間を十分に確保します。

- アナログ（空間・材料）とデジタル（プログラミング）を掛け合わせることで、子どもたちの表現の幅が広がります。

- 簡単に操作することができるため、思いどおりの仕組みを表現できたり、思いもよらない動きから新しい発想を得たりすることができます。

- 子どもたち1人ひとりの活動を評価するために、活動中は動画で子どもたちの活動の様子を記録したり、振り返りカードを書かせたりするなどすると良いでしょう。

（山内 佑輔）

実践1　　特別支援教室・情緒通級「自立活動」

授業動画を
チェック！

教材開発をプログラミングスキルで1ランクアップ（B分類）

実践について

　特別支援教室、全国的には情緒通級（以下通級）の主目的は、クラスで求められる学力、ルールやマナーを概ね守って生活できる力を高めることにあります。これを週1～8時間程度の限られた指導時数で達成することが求められるため、通級では特殊な例を除いて、プログラミングの知識や技術を直接指導することは難しいのが実態です。しかし、合理的配慮を実現するための指導教材開発には、プログラミングの知識や技術が大いに役立ちます。

① Viscuit で部首を意識する

　書字の苦手さを抱える子どもの多くに、漢字を1つの絵のようにとらえる傾向が見られます。Viscuitで漢字を部首ごとに分けて作成し、へんやつくりをタップするたびに、意味を示すイラストと切り替わるプログラムをつくることで、漢字がいくつかの意味があるへんとつくりで成り立っていることを意識させます。

② PowerPoint の活用

　プレゼンテーション機能だけではなく、教材開発においてもPowerPointは有効に機能します。アニメーションやリンク機能を活用することで、スライドの順番を分岐・反復させる、プログラミング的な資料が容易に作成できます。お手製のデイジー図書やSST指導用教材もつくることができます。

③ 視覚認知機能を高めるビジョントレーニング教材作成

文章をスムーズに読むことができず、拾い読みになってしまう、キャッチボールが苦手、板書の写し書きが苦手であるといった学習のつまずきには、視覚認知機能の力が大きな影響を及ぼしています。このつまずきを改善する眼球運動や視覚認知のトレーニング教材を、Scratchでつくることができます。

（ア）数字ランダム

青いボタンを押すと、4桁の数字がランダムに5秒間表示されます。その間、子どもにその数字を記憶させ、消えたら暗唱させます。灰色のボタンを押すと、正解が表示されます。

応用として、桁数の増減、前後の順番を入れ替えて答えさせる逆唱バージョンなども、作成可能です。

（イ）星を見つけよう（追従／ランダム）

スタートボタンを押すと、画面内を星がランダムに動きます。星は3秒ごとに別の場所に移ります。子どもは顔を動かさず、目の動きだけで星を追いかけることで眼球運動になります。応用として、ランダムに光る星を素早く見つける、動く星が瞬いた瞬間にクリックするなどの方法で、眼球運動の機能や集中力を向上させる教材も作成できます。

他にも、先生のアイデア次第で指導効果を高める自作教材をつくることができます。ぜひ挑戦してみてください。

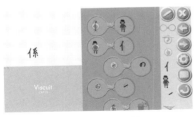

Viscuitの活用例

PowerPointの活用例

（川上 尚司）

学年別配当表

この本に出てきた事例を、学年・教科で分けた表にしました。
俯瞰的に見るときや索引としてご活用ください。

	1・2学年	3・4学年
国語	●つくったおもちゃのせつめいをしよう（P.70） ●カンジーシューティング（P.80）	●Viscuitで情景を表そう！（P.88）
社会		
算数		●プログラムで定規いらず！ 広さの表し方・求め方（P.104） ●プログラミングで四角形を分類しよう（P.108） ●プログラミングで角をかこう！（P.112）
理科		●電気を通すものチェッカーをつくろう！（P.96）
音楽	●リズムを選んで合わせよう（P.74）	
図画工作	●夏休みの思い出を表そう（P.66） ●ドキドキたまご なにが生まれる？（P.78）	
その他の教科・総合	●学校に来てからやることを考えよう（P.62）	●風邪がうつるシミュレーション（P.84） ●Scratchでアメリカの小学校との交流学習（P.92） ●プログラミングにチャレンジ！（P.100）
特別支援	●教材開発をプログラミングスキルで1ランクアップ（P.134）	

5・6学年
●未来の車を動かしてみよう！（P.116）
●正多角形と円周の長さ（P.44） ●拡大図や縮図のかき方を考えよう（P.126）
●電気を効率よく使うためには？（P.54、P.58）
●MESHを使って面白いビー玉迷路をつくろう （P.122） ●Viscuitを使った動くデジタルアートに挑戦 （P.130）
●AIとプログラミングで身近な問題を解決しよ う（P.48） ●浦賀歴史活性化プロジェクト〜地域の題材と コラボ（P.49） ●信号機のしくみを知ろう（P.50） ●micro:bitで照度や気温を測定しよう（P.120）

IoT（アイオーティー）

「Internet of Things」の略称。家電、生活用品などの機器が取得したデータをインターネットに接続し、蓄積することで、生活の様々な場に活用する仕組みのことです。

ICT（アイシーティー）

「Information and Communication Technology」の略称。情報通信ネットワーク（コンピュータやインターネット等）を持ちいつための環境を「ICT環境」といいます。

アルゴリズム（処理手順）

プログラミング作成の基礎である、問題を解決するための手順や考え方。コンピュータで処理を行うときは、どのような命令をどの順番で実行するかを指定します。

シーケンス（順次処理）

コンピュータはプログラムに書かれた命令を順番どおりに実行します。この順序をシーケンスといいます。

条件分岐

プログラムを実行し、次に行われる命令を、指定した条件を満たしているか否かにより切り替える処理のことです。

STEM／STEAM教育（ステム／スティームきょういく）

STEMは「Science、Technology、Engineering、Mathematics」の略称。科学、技術、工学、数学の分野横断的・複合的な教育により、これからの世の中で活躍できる人材を育成することを、「STEM教育」といいます。「STEAM教育」は、これに「Art（芸術）」を加えた教育です。

センサー
人の目や耳などの代わりに、機械が周りの状況を取得するために使われる部品。温度や明るさ、距離、ジャイロ、人感センサーなどがあります。

Society5.0（ソサエティー 5.0）
サイバー空間（仮想空間）とフィジカル空間（現実空間）を高度に融合させたシステムを活用し、経済発展と社会的課題の解決を両立させた新たな社会を指します。

テキスト型プログラミング言語
文字（アルファベット等）によりコンピュータに命令を与えるプログラミング言語を指します。「BASIC」「C言語」「Java」「Python」などが代表的です。

バグ／デバッグ
プログラム実行中に発生する、想定外の動作や誤り、不具合のことを「バグ」といいます。「デバッグ」はこれを把握して、改善や修正を行うことを指します。

ビジュアル型プログラミング言語
画面上の図形やブロックを、ドラッグ＆ドロップ等で操作し組み合わせることで、コンピュータに命令を与えるプログラミング言語を指します。視覚的にわかりやすく、操作も簡単です。「Scratch」「Viscuit」などが代表的です。

フローチャート
プログラムのアルゴリズムを図式化したもの。「プログラムを開始する」「条件分岐」などの命令を示す記号や図形により構成されています。

プログラム
コンピュータが理解できる言語で書かれた、コンピュータに対する指

示のことです。

プログラミング的思考
「自分が意図する一連の活動を実現するために、どのような動きの組合せが必要であり、一つ一つの動きに対応した記号を、どのように組み合わせたらいいのか、記号の組合せをどのように改善していけば、より意図した活動に近づくのか、といったことを論理的に考えていく力」と定義されています。（文部科学省「小学校プログラミング教育の手引（第3版）」）

変数
プログラムの中で、値に名前を付けたものを変数といいます。毎回プログラムを作成しなくても、変数となる数値や文字を変更するだけで、プログラムの働きを調整することができます。

マイコンボード
マイクロコンピュータ（マイコン）と入出力回路などの周辺回路を1枚の基板に搭載したもの。代表的なものにmicro:bitなどがあります。

ループ（繰り返し・反復）
同じ処理を、指定した条件を満たすまで繰り返して実行することです。ループを用いることで、毎回同じプログラムを書く必要がなくなり、短いプログラムを作成することが可能です。

おすすめ教材集

アンプラグド

- ガジェット系（カードでピピッとはじめてのプログラミングカーなど）
- にんげんプログラミング・ねこプログラミング
  https://otomo.scratch-ja.org/post/162031743644/human
- ルビィのぼうけん→実践事例P.70

ソフトウェア

- Hour of code（アワーオブコード）→実践事例P.102
  https://hourofcode.com/jp/learn
- Scratch（スクラッチ） 解説 P.28
  →実践事例P.48、58、74、92、135
- Viscuit（ビスケット） 解説 P.24
  →実践事例P.66、78、80、84、88、104、130、134
- BlocklyGames（ブロックリーゲーム）
  https://blockly.games/?lang=ja
- プログル→実践事例P.44、126

ロボット・センサー

- ArTec Robo2.0（アーテックロボ） 解説 P.38
- 動かしてみよう！→実践事例P.116
- Allmay2（オールメイ） 解説 P.39
- embot（エムボット） 解説 P.38→実践事例 P.49
- micro:bit（マイクロビット） 解説 P.32
  →実践事例P.50、54、96、120
- MESH（メッシュ） 解説 P.39→実践事例P.122
  https://meshprj.com/jp/
- LINE entry（ライン エントリー）→実践事例P.112

【参考としたサイト等（P.138〜141）】

- 『プログラミング教育支援ハンドブック2019』（ICT CONNECT 21）
- 「小学校を中心としたプログラミング教育ポータル」（文部科学省）
- 「知りたい！ プログラミングツール図鑑」（STUDIO947）

おわりに

　「プログラミング教育」と聞いて、何を思い浮かべるようになりましたか？　少しだけでもイメージをもつことができたでしょうか。

　プログラミング教育では、試行錯誤を重要視しています。それは、言い換えれば「失敗を許容すること」です。ここで言う失敗とは「自分の思ったとおりではなかった」という失敗です。

　今までの価値観、教育観には、失敗しないことを求めてきた面が少なからずありました。教える側も失敗させないために教材研究をしてきました。しかしながら、プログラミング教育では失敗させることを考えなくてはなりません。自分の思ったとおりでなかった状態をつくるために、「自分の思ったとおり」をまず考えさせる必要があります。

　「電気を無駄なく使っている機器」は子どもによって違ってくるでしょうし、かきたいと思う多角形も違うはずです。子どもたちの思いが多岐にわたるため、時々こちらの想定しなかった事態が起きます。たとえば、多角形の作図でプリントにはない七十七角形をかき始めた子がいるとしましょう。その場面で私たちがすべきことは「五角形をかこうね」とプリントに戻すことではなく、「七十七角形って、一回で何度回転させたらいいのかな？」と助言し、詰まっていたら「計算できそう？」とさらにアドバイスすることです。手がきでは不可能な正多角形をプログラムによってなら容易にかけることを実感するという本時のねらいは達成されます。その子にとっての「自分の思ったとおり」が七十七角形であり、それが授業のねらいから大幅にそれていないのであれば、ゴールの形は違ってもいいのです。

　プログラミング教育はまだ始まったばかり。私たちも試行錯誤をして、より良い授業のために改善を積み重ねることが何よりも大事だと考えます。素敵な実践ができたら、Type_T特設サイトのコメント欄で教えてください。楽しみにしています。

　2021年5月

Type_T 代表　鈴谷　大輔

執筆者紹介

堀田 龍也（東北大学大学院教授）

毛利 泉（東京都公立小学校教諭）

山内 祐輔（新渡戸文化小学校教諭）

【Type_T会員】

稲田 路子（東京都公立小学校教諭）

岩本 紅葉（東京都公立小学校教諭）

上園 雄太（千葉県公立小学校教諭）

上原 祥子（沖縄県公立小学校教諭）

薄 玲那（福島県公立小学校教諭）

内田 卓（茨城県公立小学校教諭）

大坪 聡子（茨城県公立中学校教諭）

小島 寛義（小山市立教育研究所職員）

河上 彬（埼玉県公立小学校教諭）

川上 尚司（東京都公立小学校教諭）

佐藤 隆太（東京都公立小学校教諭）

茂見 知宏（埼玉県公立小学校教諭）

鈴木 康晴（東京都公立小学校教諭）

鈴谷 大輔（埼玉県公立小学校教諭）

田中 萌（埼玉県公立小学校教諭）

利根川 安積（ICT支援員）

野村 徹也（東京都公立小学校教諭）

峯 愛（東京都公立小学校教諭）

林 孝茂（兵庫県公立小学校教諭）

平山 めぐみ（埼玉県公立小学校教諭）

府中 高助（神奈川県公立小学校教諭）

宮内 智（さいたま市教育委員会）

渡邉 祐子（札幌市公立小学校教諭）

神谷 耕一（愛知県公立中学校教諭・制作補助）

著者紹介

Type_T （たいぷてぃー）

とにかくやってみるプログラミング教育ティーチャーズ。プログラミング教育の発展に貢献することを目的に活動する教育関係者の任意団体。NPO法人みんなのコードとの合同イベントや、教材メーカーを招いてのイベント開催など、他の企業や団体との事業連携も積極的に行う他、YouTubeで授業実践や有識者のゲストトークを公開するなど、情報発信にも精力的に取り組む。東洋経済ONLINEや教育新聞、「EdTechzine」（翔泳社）に取り上げられるなど、メディア掲載実績も多数。

会員募集中▶https://typet.jp

堀田 龍也 （ほりたたつや）

1964年熊本県生まれ。1986年東京学芸大学教育学部卒業。東京工業大学大学院社会理工学研究科修了、博士（工学）。現在は東北大学大学院情報科学研究科・教授（クロスアポイント）中央教育審議会委員、文部科学省のプログラミング教育・デジタル教科書・教育データ利活用等の会議の座長を歴任。主な著書に『やってみよう！ 小学校はじめてのオンライン授業』（学陽書房）、『PC1人1台時代の 間違えない学校ICT』（小学館）ほか多数。

事例と動画でやさしくわかる！
小学校プログラミングの授業づくり

2021年6月28日　初版発行

著　者	Type_T・堀田 龍也
発行者	佐久間重嘉
発行所	学 陽 書 房
	〒102-0072　東京都千代田区飯田橋1-9-3
編集部	TEL 03-3261-1112
営業部	TEL 03-3261-1111 ／ FAX 03-5211-3300
	http://www.gakuyo.co.jp/

ブックデザイン／スタジオダンク
DTP制作・印刷／精文堂印刷
製本／東京美術紙工